Não Começou com Você

Não Começou com Você

COMO O TRAUMA FAMILIAR HERDADO NOS DEFINE E COMO DAR UM FIM A ESSE CICLO

Mark Wolynn

Especialista em Traumas Familiares Hereditários

ALTA BOOKS
GRUPO EDITORIAL
Rio de Janeiro, 2023

Não começou com você

Copyright © 2023 da Starlin Alta Editora e Consultoria Eireli.
ISBN: 978-85-508-1527-5

Translated from original It Didn't Start With You Copyright © 2016 by Mark Wolynn. ISBN 9781101980385. This translation is published and sold by permission of Penguin Random House LLC, the owner of all rights to publish and sell the same. PORTUGUESE language edition published by Starlin Alta Editora e Consultoria Eireli, Copyright © 2023 by Starlin Alta Editora e Consultoria Eireli.

Impresso no Brasil — 1ª Edição, 2023 — Edição revisada conforme o Acordo Ortográfico da Língua Portuguesa de 2009.

Todos os direitos estão reservados e protegidos por Lei. Nenhuma parte deste livro, sem autorização prévia por escrito da editora, poderá ser reproduzida ou transmitida. A violação dos Direitos Autorais é crime estabelecido na Lei nº 9.610/98 e com punição de acordo com o artigo 184 do Código Penal.

A editora não se responsabiliza pelo conteúdo da obra, formulada exclusivamente pelo(s) autor(es).

Marcas Registradas: Todos os termos mencionados e reconhecidos como Marca Registrada e/ou Comercial são de responsabilidade de seus proprietários. A editora informa não estar associada a nenhum produto e/ou fornecedor apresentado no livro.

Erratas e arquivos de apoio: No site da editora relatamos, com a devida correção, qualquer erro encontrado em nossos livros, bem como disponibilizamos arquivos de apoio se aplicáveis à obra em questão.

Acesse o site www.altabooks.com.br e procure pelo título do livro desejado para ter acesso às erratas, aos arquivos de apoio e/ou a outros conteúdos aplicáveis à obra.

Suporte Técnico: A obra é comercializada na forma em que está, sem direito a suporte técnico ou orientação pessoal/exclusiva ao leitor.

A editora não se responsabiliza pela manutenção, atualização e idioma dos sites referidos pelos autores nesta obra.

Dados Internacionais de Catalogação na Publicação (CIP) de acordo com ISBD

W869c   Wolynn, Mark
Não começou com você: Como o Trauma Familiar Herdado Nos Define e Como Dar um Fim a Esse Ciclo /Mark Wolynn; traduzido por Ana Gabriela – Rio de Janeiro: Alta Books, 2023.
256 p. ; 16cm x 23cm.

Tradução de: It Didn't Start With You
Inclui índice e apêndice.
ISBN: 978-85-508-1527-5

1. Autoajuda. 2. Trauma familiar. I. Gabriela, Ana. II. Título.

CDD 158.1
2022-1281   CDU 159.947

Elaborado por Vagner Rodolfo da Silva - CRB-8/9410

Índice para catálogo sistemático:
1. Autoajuda 158.1
2. Autoajuda 159.947

Produção Editorial
Editora Alta Books

Diretor Editorial
Anderson Vieira
anderson.vieira@altabooks.com.br

Editor
José Ruggeri
j.ruggeri@altabooks.com.br

Gerência Comercial
Claudio Lima
claudio@altabooks.com.br

Gerência Marketing
Andrea Guatiello
andrea@altabooks.com.br

Coordenação Comercial
Thiago Biaggi

Coordenação de Eventos
Viviane Paiva
comercial@altabooks.com.br

Coordenação ADM/Finc.
Solange Souza

Direitos Autorais
Raquel Porto
rights@altabooks.com.br

Assistente Editorial
Mariana Portugal

Produtores Editoriais
Illysabelle Trajano
Maria de Lourdes Borges
Paulo Gomes
Thales Silva
Thiê Alves

Equipe Comercial
Adriana Baricelli
Ana Carolina Marinho
Daiana Costa
Fillipe Amorim
Heber Garcia
Kaique Luiz
Maira Conceição

Equipe Editorial
Beatriz de Assis
Betânia Santos
Brenda Rodrigues
Caroline David
Gabriela Paiva
Henrique Waldez
Kelry Oliveira
Marcelli Ferreira
Matheus Mello

Marketing Editorial
Jessica Nogueira
Livia Carvalho
Marcelo Santos
Pedro Guimarães
Thiago Brito

Atuaram na edição desta obra:

Revisão Gramatical
Hellen Suzuki
Thaís Pol

Diagramação
Joyce Matos

Tradução
Ana Gabriela

Copidesque
Wendy Campos

Editora afiliada à: ASSOCIADO

Rua Viúva Cláudio, 291 — Bairro Industrial do Jacaré
CEP: 20.970-031 — Rio de Janeiro (RJ)
Tels.: (21) 3278-8069 / 3278-8419
www.altabooks.com.br — altabooks@altabooks.com.br
Ouvidoria: ouvidoria@altabooks.com.br

Aos meus pais, Marvin Wolynn e Sandra Lazier Wolynn Miller.
Sou muito grato por tudo o que me proporcionaram.

Sobre o autor

Mark Wolynn é o fundador e o diretor do Family Constellation Institute. Lecionou na Universidade de Pittsburgh, no Western Psychiatric Institute, no Kripalu Center for Yoga & Health, no Omega Institute, no New York Open Center e no California Institute of Integral Studies, bem como em muitos centros de treinamento, clínicas e hospitais. Seus artigos foram publicados na *Psychology Today*, no Mind Body Green, no Mariashriver.com, no *Elephant Journal* e no *Psych Central*, e sua poesia foi publicada na *New Yorker*. Ele mora na Área da Baía de São Francisco.

www.markwolynn.com
@markwolynn

Agradecimentos

Em um ato de altruísmo, várias pessoas compartilharam seu tempo e seu talento para possibilitar este livro. Sinto-me honrado e abençoado pela gentileza e pela generosidade demonstradas.

A Dra. Shannon Zaychuk passou incontáveis horas lendo e reformulando os primeiros rascunhos deste livro comigo. Da conceituação à definição de palavras, ela ajudou a estabelecer sua base. Sua experiência e suas percepções imprescindíveis acrescentaram uma dimensão profunda a estas páginas.

A brilhante escritora e editora Barbara Graham foi meu farol e minha guia sempre que o caminho parecia bloqueado. De inúmeras maneiras, sua infinita sabedoria está presente nesta obra.

Kari Dunlop foi essencial em todos os aspectos deste projeto, segurando as pontas no Family Constellation Institute e fornecendo sugestões úteis e apoio emocional ao longo do processo. Agradeço à sua mente criativa, sua amizade generosa e seu incentivo a cada passo do caminho.

Sou infinitamente grato a Carole DeSanti, minha editora na Viking, cuja visão e clareza aprimoraram este livro de maneiras inimagináveis, a Christopher Russell e a toda a equipe da Viking por seu imenso apoio.

Minha profunda gratidão à minha agente, Bonnie Solow, por sua sabedoria e sua orientação impecável.

––––––––

Muitos outros amigos e colegas contribuíram de forma considerável para este projeto. Sou imensamente grato a Ruth Wetherow, por sua ajuda inestimável

x   Agradecimentos

na pesquisa científica; Daryn Eller, por seus comentários perspicazes e sua expertise em propostas de livros; Nora Isaacs, por seu conhecimento editorial; Hugh Delehanty, por sua orientação generosa ao longo do caminho; Corey Deacon, por seu auxílio na neurofisiologia; Stephanie Marohn, por sua ajuda na elaboração do primeiro rascunho; e Igal Harmelin-Moria, por me manter lúcido quando minha visão interior se ofuscou.

Sou imensamente grato ao brilhante médico integrativo Dr. Bruce Hoffman, por seus insights e seu apoio contínuo, e à Dra. Adele Towers, por sua destreza em perceber o indispensável. Desde o início, eles me encorajaram a divulgar este material. Também quero agradecer à neonatologista Dra. Raylene Phillips por sua generosa ajuda em uma parte crítica desta obra, e ao Dr. Caleb Finch, por sua expertise embriológica.

Minha sincera gratidão a Variny Yim, Lou Anne Caligiuri, Dr. Todd Wolynn, Linda Apsley, Dra. Jess Shatkin e Suzi Tucker. Além de fornecer sugestões valiosas, eles foram uma fonte contínua de incentivo e apoio.

Sou extremamente grato a todos os meus professores, em especial ao falecido Dr. Roger Woolger, que também compartilhava do amor pela linguagem. Ele me ajudou a decodificar a linguagem urgente do inconsciente. Seu trabalho inspirou profundamente o meu. Também quero agradecer ao falecido Jeru Kabbal, que, mesmo com as adversidades, me ajudou a estar presente.

Não há palavras que possam expressar minha gratidão a Bert Hellinger por ser meu professor e apoiar meu trabalho. O que ele me proporcionou é inestimável.

Por fim, meus sinceros agradecimentos às pessoas corajosas que compartilharam suas histórias comigo. Minha maior esperança é tê-las honrado nestas páginas.

Sumário

Introdução: A Linguagem Secreta do Medo 1

Parte I   A Rede do Trauma Familiar

Capítulo 1. Achados e Perdidos: Traumas 15

Capítulo 2. Três Gerações de Herança Compartilhada: O Corpo Familiar ... 25

Capítulo 3. A Mente Familiar 41

Capítulo 4. A Abordagem da Linguagem Central 55

Capítulo 5. Os Quatro Temas Inconscientes 63

Parte II   O Mapa da Linguagem Central

Capítulo 6. A Reclamação Central 89

Capítulo 7. Os Descritores Centrais 103

Capítulo 8. A Sentença Central 113

Capítulo 9. O Trauma Central 133

Parte III   Caminhos para a Reconexão

Capítulo 10. Do Insight à Integração 147

Capítulo 11. A Linguagem Central da Separação 165

Capítulo 12. A Linguagem Central dos Relacionamentos 181

xii   Sumário

Capítulo 13. A Linguagem Central do Sucesso   203

Capítulo 14. A Linguagem Central da Cura   219

Glossário   *223*

Apêndice A: Lista de Perguntas da História Familiar   *225*

Apêndice B: Lista de Perguntas dos Traumas Precoces   *227*

Notas   *229*

Índice   *235*

Quem olha para fora, sonha; quem olha para dentro, desperta.

— **Carl Jung,** *Cartas*

Introdução:
A Linguagem Secreta do Medo

Em tempos de escuridão, o olho começa a enxergar...

— Theodore Roethke, "In a Dark Time"

Este livro é resultado de uma missão que me levou ao redor do mundo, de volta às minhas raízes e em direção a uma carreira profissional que jamais imaginei ao iniciar essa jornada. Por mais de vinte anos, trabalhei com pessoas que lutaram contra depressão, ansiedade, doenças crônicas, fobias, pensamentos obsessivos, TEPT e outras condições debilitantes. Muitas me procuraram desmotivadas e desesperançadas após anos de psicoterapia, medicação e outras intervenções que falharam em descobrir a fonte de seus sintomas e aliviar seu sofrimento.

Minha própria experiência, meu treinamento e minha prática clínica me ensinaram que a resposta pode não estar em nossa própria história, mas, sim, nas de nossos pais, avós e até mesmo bisavós. As pesquisas científicas mais recentes, agora nas manchetes, também revelam que os efeitos do trauma podem passar de uma geração para a outra. Esse "legado" é conhecido como trauma familiar hereditário, e evidências emergentes sugerem que é um fenômeno verdadeiro. A dor nem sempre se dissipa sozinha ou diminui com o tempo. Mesmo que a pessoa que sofreu o trauma original tenha morrido, mesmo que sua história esteja submersa em anos de silêncio, os fragmentos da experiência, da memória e da sensação corporal podem sobreviver, como se o passado reemergisse nas mentes e nos corpos daqueles que vivem no presente para encontrar resolução.

Nas páginas seguintes, apresentarei uma síntese das observações empíricas de minha prática como diretor do Family Constellation Institute, em

São Francisco, bem como das últimas descobertas em neurociência, epigenética e ciência da linguagem. Esse compêndio também reflete meu treinamento profissional com Bert Hellinger, o renomado psicoterapeuta alemão, cuja abordagem à terapia familiar demonstra os efeitos psicológicos e físicos do trauma familiar herdado em várias gerações.

Grande parte deste livro se concentra na identificação de padrões familiares herdados — os medos, os sentimentos e os comportamentos que adotamos sem saber e que mantêm o ciclo de sofrimento vivo de geração em geração — e na forma de encerrar esse ciclo, o que consiste no cerne do meu trabalho. Assim como eu, você pode descobrir que muitos desses padrões não nos pertencem; eles simplesmente foram emprestados de outras pessoas em nosso histórico familiar. Estou convicto de que essa constatação ocorre devido à possibilidade de finalmente trazer à tona uma história que precisa ser contada. Deixe-me compartilhar a minha.

Nunca me propus a criar um método para superar o medo e a ansiedade até o dia em que perdi minha visão. Aos 34 anos, sofri minha primeira enxaqueca ocular. Não senti nenhuma dor física real — apenas um ciclone de terror sombrio, dentro do qual minha visão foi obscurecida. Sem enxergar nada, andei tropeçando por meu escritório, tentando discar o número da emergência no telefone da mesa. Uma ambulância logo chegaria.

Uma enxaqueca ocular não costuma ser séria. A visão fica turva, mas geralmente retorna ao normal em cerca de uma hora, ainda que nem sempre se saiba disso enquanto está acontecendo. No entanto, para mim, a enxaqueca ocular foi apenas o começo. Em algumas semanas, a visão do meu olho esquerdo começou a desaparecer. Rostos e placas de trânsito logo se tornaram um borrão cinza.

Os médicos me informaram que eu tinha retinopatia serosa central, uma condição sem cura, de causa desconhecida. O fluido se acumula sob a retina e vaza, provocando cicatrizes e manchas no campo visual. Algumas pessoas, os 5% com a forma crônica em que a minha se transformou, ficam praticamente cegas. Da forma como estava avançando, disseram-me que muito provavelmente ambos os olhos seriam afetados. Era só questão de tempo.

Os médicos não conseguiram me dizer o que causou minha perda de visão e o que a curaria. Tudo o que tentei por conta própria — vitaminas, dietas líquidas, cura energética — parecia piorar a situação. Fiquei desnorteado. Meu maior medo estava se revelando bem na minha frente e eu não conseguia fazer nada a respeito. Cego, incapaz de me cuidar sozinho, eu desmoronaria. Minha vida estaria arruinada. Eu perderia minha vontade de viver.

Repassei o cenário várias vezes na minha mente. Quanto mais pensava sobre isso, mais profundamente a desesperança se enraizava em meu corpo. Eu estava afundando na lama. Sempre que tentava sair, meus pensamentos retornavam às imagens de estar sozinho, incapaz e arruinado. Naquela época, eu não sabia que estas exatas palavras — *sozinho, incapaz* e *arruinado* — faziam parte da minha linguagem pessoal de medo. Elas ecoavam traumas que aconteceram na minha história familiar antes do meu nascimento. Desenfreadas e irrestritas, essas palavras dominavam minha mente e afetavam meu corpo.

Eu me perguntava por que concedia tanto poder aos meus pensamentos. Outras pessoas tinham adversidades muito piores do que as minhas e não cediam a esse abismo. O que em mim permaneceu tão profundamente arraigado no medo? Eu demoraria anos para responder a essa pergunta.

Naquela época, só o que eu podia fazer era ir embora. Deixei meu relacionamento, minha família, meu negócio, minha cidade — tudo que conhecia. Queria respostas que não poderiam ser encontradas no mundo do qual eu fazia parte — um mundo em que muitas pessoas pareciam estar confusas e infelizes. Eu tinha apenas perguntas e pouca vontade de levar a vida como a conhecia. Entreguei meu negócio (uma empresa de eventos bem-sucedida) para alguém que literalmente acabara de conhecer e lá fui eu para o leste — o mais longe possível — até chegar ao Sudeste da Ásia. Queria ser curado. Só não fazia ideia de como isso aconteceria.

Li livros e estudei com os professores que os escreveram. Sempre que ficava sabendo de alguém que poderia me ajudar — uma idosa em uma cabana, um homem sorridente com um manto —, eu fazia a tentativa. Participei de programas de treinamento e cantei com gurus. Um desses gurus disse, àqueles reunidos para ouvi-lo falar, que queria se cercar apenas de "descobridores". Os buscadores, afirmou, permaneciam apenas nisto — em um estado constante de busca.

Eu queria ser um descobridor. Meditei por horas diariamente. Jejuei por dias seguidos. Fervi ervas e lutei contra as toxinas ferozes que, eu imaginava, tinham invadido meus tecidos. Enquanto isso, minha visão continuava a piorar e minha depressão se agravava.

Na época, eu não compreendia que, quando tentamos resistir a um sentimento doloroso, muitas vezes prolongamos a própria dor que nos esforçamos em evitar — uma receita para o sofrimento contínuo. Também há algo na ação de procurar que nos impossibilita de chegar ao que buscamos. O olhar constante para fora de nós mesmos pode nos impedir de saber quando acertamos o alvo. É possível que algo valioso esteja acontecendo dentro de nós, mas, se não estivermos atentos, podemos despercebê-lo.

"O que você não está disposto a enxergar?", instigavam os curandeiros, provocando-me a olhar mais profundamente. Como eu poderia saber? Estava no escuro.

Na Indonésia, um guru tornou a luz um pouco mais brilhante para mim ao questionar: "Quem você acha que é para não ter problemas nos olhos?" Ele continuou: "Talvez os ouvidos de Johan não ouçam tão bem quanto os de Gerhard, e talvez os pulmões de Eliza não sejam tão fortes quanto os de Gerta. E talvez Dietrich não ande tão bem quanto Sebastian." (Todos eram holandeses ou alemães nesse programa de treinamento específico e pareciam estar lutando com algum tipo de condição crônica.) Surtiu efeito. Ele estava certo. Quem era eu para não ter problemas nos olhos? Foi arrogante da minha parte discutir com a realidade. Gostasse ou não, minha retina estava lesionada e minha visão, turva, mas eu — o "eu" por trás de tudo — estava começando a me acalmar. Não importava o estado do meu olho, ele não precisava mais ser o fator determinante de como eu me sentia.

Para aprofundar o aprendizado, esse guru nos fez passar 72 horas — três dias e três noites — com vendas nos olhos e tampões nos ouvidos, meditando em uma pequena almofada. Todos os dias, recebíamos uma tigelinha de arroz para comer e apenas água para beber. Sem dormir, sem levantar, sem deitar, sem se comunicar. Ir ao banheiro significava levantar a mão e ser escoltado no escuro até um buraco no chão.

O objetivo dessa maluquice era simplesmente conhecer de forma íntima a loucura da mente, observando-a. Aprendi como minha mente me provocava constantemente com o pensamento do pior cenário possível e a mentira de que, se eu apenas me preocupasse o suficiente, poderia me proteger do que mais temia.

Depois dessa experiência e de outras semelhantes, minha visão interior começou a clarear um pouco. Meu olho, entretanto, permaneceu o mesmo; o vazamento e as cicatrizes continuaram. Em muitos níveis, ter um problema de visão é uma ótima metáfora. Acabei descobrindo que se tratava menos do que eu conseguia ou não enxergar e mais da maneira como via as coisas. Mas não foi nesse momento que dei a volta por cima.

Foi durante o terceiro ano do que agora denomino "busca da visão" que finalmente encontrei o que estava procurando. Nessa época, eu meditava bastante. A depressão apresentara uma melhora significativa. Eu conseguia passar inúmeras horas em silêncio, concentrado apenas em minha respiração ou sensações corporais. Essa era a parte fácil.

Certo dia, eu esperava na fila para ter um *satsang* — encontro com um mestre espiritual. Fiquei aguardando por horas, usando o manto branco assim como todos na fila. Minha vez chegou. A minha expectativa era que o mestre reconhecesse minha dedicação. Em vez disso, ele olhou através de mim e viu o que eu não conseguia. "Vá para casa", disse. "Vá para casa e ligue para sua mãe e seu pai."

Como assim? Fiquei furioso. Meu corpo tremia de raiva. Era óbvio que ele tinha se enganado. Eu não precisava mais dos meus pais. Já os superara. Desistira deles há muito tempo, trocando-os por pais melhores, pais divinos, pais espirituais — todos os professores, gurus e mulheres e homens sábios que me guiavam até o próximo nível do despertar. Além disso, com minha bagagem de vários anos de terapia equivocada, de socar travesseiros e rasgar efígies de papelão dos meus progenitores, eu acreditava que já "curara" meu relacionamento com eles. Decidi ignorar o conselho.

E, não obstante, algo me impactou internamente. Eu não conseguia esquecer o que ele dissera. Estava finalmente começando a entender que nenhuma experiência é em vão. Tudo o que nos acontece tem mérito, quer reconheçamos o seu significado superficial ou não. No fim das contas, tudo em nossa vida nos leva a algum lugar.

Ainda assim, estava determinado a manter a ilusão de quem eu era intacta. Ser um meditador realizado era tudo o que eu tinha para me agarrar. Então, procurei um encontro com outro mestre espiritual — que, tinha certeza, esclareceria tudo. Esse homem imbuía centenas de pessoas por dia em seu amor celestial. Sem dúvida me veria como a pessoa profundamente espiritual que eu imaginava ser. Mais uma vez, esperei um dia inteiro até ser o primeiro da fila. E, então, aconteceu. De novo. As mesmas palavras. "Ligue para seus pais. Vá para casa e faça as pazes com eles."

Dessa vez, ouvi o que foi dito.

Os grandes professores têm conhecimento. Os verdadeiramente grandes não se importam se você acredita em seus ensinamentos ou não. Eles apresentam uma verdade e depois o deixam refletir e descobrir a sua própria. Adam Gopnik escreve sobre a diferença entre gurus e professores em seu livro *Through the Children's Gate* [sem publicação no Brasil]: "Um guru nos apresenta a si mesmo e então oferece seu sistema; um professor nos oferece sua matéria e depois nos apresenta a nós mesmos."

Os grandes professores entendem que nossa origem afeta o lugar ao qual nos direcionamos, e que o irresolúvel em nosso passado influencia nosso presente. Eles sabem que nossos progenitores são importantes, independentemente de serem bons pais ou não. Não há como evitar: a história familiar é *nossa* história. Goste ou não, ela habita nosso interior.

Não importa a história que tenhamos com nossos pais, eles não podem ser apagados ou expurgados de nós. Estão em nosso interior e somos parte deles — mesmo que nunca os tenhamos conhecido. Rejeitá-los apenas nos distancia ainda mais de nós mesmos e provoca mais sofrimento. Esses dois professores eram capazes de ver isso. Eu não. Minha cegueira era literal e figurativa. Agora eu estava começando a despertar, principalmente para o fato de que havia deixado uma grande bagunça em casa.

Por anos, eu julgara meus pais com severidade. Imaginei-me mais capaz, muito mais sensível e humano do que eles. Eu os culpei por todas as coisas que acreditava estarem erradas em minha vida. Agora precisava regressar a fim de restaurar o que faltava em mim — minha vulnerabilidade. Comecei a perceber que minha capacidade de receber o amor alheio estava relacionada à minha capacidade de receber o amor materno.

Entretanto, acolher o amor dela não seria fácil. Tive uma ruptura tão profunda no vínculo com minha mãe que ser abraçado por ela era como estar preso em uma armadilha. Meu corpo se contraía como se fosse criar uma armadura que ela não pudesse romper. Essa mágoa afetava todos os aspectos da minha vida — principalmente minha capacidade de permanecer aberto em um relacionamento.

Minha mãe e eu poderíamos ficar meses sem nos falar. Quando conversávamos, eu encontrava uma forma, por meio de palavras ou da minha linguagem corporal blindada, de ignorar os sentimentos calorosos que ela demonstrava. Eu parecia insensível e distante. Em contrapartida, a acusava de não ser capaz de me ver ou ouvir. Era um impasse emocional.

Determinado a curar nossa relação problemática, reservei um voo para Pittsburgh. Não via minha mãe há vários meses. Enquanto me dirigia à entrada da casa dos meus pais, senti meu peito apertar. Não tinha certeza se nosso relacionamento poderia ser reparado; havia tantos sentimentos mal resolvidos. Preparei-me para o pior, conjecturando a cena: minha mãe me abraçaria e eu, querendo apenas me soltar em seus braços, faria exatamente o contrário. Eu me retrairia.

E foi exatamente o que aconteceu. Envolto em um abraço quase insuportável, eu mal conseguia respirar. Mesmo assim, pedi à minha mãe que continuasse me abraçando. Queria entender, de dentro para fora, a resistência do meu corpo, como eu recuava, quais sensações surgiam, como me fechava. Não era nenhuma novidade. Tinha percebido esse padrão espelhado em meus relacionamentos. Só que, desta vez, eu não iria embora. Meu plano era curar essa ferida na sua origem.

Quanto mais ela me abraçava, mais eu sentia que ia explodir. Era fisicamente doloroso. A dor se fundia ao torpor e vice-versa. Então, depois de muitos minutos, algo cedeu. Meu peito e meu abdômen tremeram. Comecei a me soltar e, nas semanas seguintes, progredi ainda mais.

Em uma de nossas muitas conversas durante esse tempo, minha mãe compartilhou — quase de maneira espontânea — um acontecimento da minha infância. Ela teve que ser hospitalizada por três semanas para operar a vesícula biliar. Com esse insight, comecei a juntar as peças do que ocorria internamente. Antes dos 2 anos de idade — quando minha mãe e eu ficamos separados —, uma retração inconsciente se enraizou em algum lugar do meu corpo. Quando ela voltou para casa, eu não confiava mais em seus cuidados. Não era mais vulnerável em relação a ela. Em vez disso, a afastei e continuaria a fazê-lo pelos trinta anos seguintes.

Outro acontecimento precoce também pode ter contribuído para o meu medo de que minha vida fosse repentinamente arruinada. Minha mãe disse que me dar à luz foi difícil — o médico precisou usar um fórceps. Como resultado, nasci com muitos hematomas e um crânio parcialmente lesionado, o que não é incomum nesse tipo de parto. Com pesar, minha mãe revelou que, no início, minha aparência fazia com que ela tivesse dificuldades até mesmo de me segurar no colo. Identifiquei-me com sua história, que ajudou a explicar a sensação de fracasso cravada dentro de mim. Especificamente, memórias traumáticas de meu nascimento submersas em meu corpo emergiam sempre que eu "desse à luz" um novo projeto ou apresentasse um novo trabalho em público. Só esse entendimento já me trouxe paz. Ademais, de uma forma inesperada, aproximou nós dois.

Enquanto restaurava meu vínculo com minha mãe, também comecei a reconstruir meu relacionamento com meu pai. Morando sozinho em um pequeno apartamento caindo aos pedaços — o mesmo desde que se divorciou da minha mãe quando eu tinha 13 anos —, meu pai, um ex-sargento da Marinha e operário da construção civil, nunca se preocupou em reformar sua própria moradia. Ferramentas velhas, parafusos, pregos e rolos de fita adesiva e isolante estavam espalhados pelos quartos e corredores — como sempre estiveram. Enquanto estávamos juntos em meio a um monte de ferro e aço enferrujado, eu disse o quanto sentia sua falta. As palavras pareceram evaporar. Ele não sabia como lidar com elas.

Introdução: A Linguagem Secreta do Medo 9

Sempre desejei ter uma relação próxima com meu pai, mas nenhum dos dois sabia como fazer isso acontecer. Desta vez, porém, continuamos conversando. Eu disse que o amava e que ele era um bom pai. Compartilhei as memórias do que ele fez por mim quando eu era pequeno. Podia senti-lo ouvir minhas palavras, embora suas ações — encolher os ombros, mudar de assunto — indicassem o contrário. Levou muitas semanas de conversa e relato de memórias. Durante um de nossos almoços juntos, meu pai fitou meus olhos e disse: "Achei que você não me amasse." Eu mal conseguia respirar. Era evidente que ambos cultivavam uma dor intensa. Naquele momento, algo se abriu. Foram nossos corações. Às vezes, o coração precisa se partir para se abrir. Por fim, começamos a expressar nosso amor um pelo outro. Eu agora percebia os efeitos de confiar nas palavras dos professores e voltar para casa a fim de me curar com meus pais.

Pela primeira vez, fui capaz de me permitir receber o amor e o carinho de meus progenitores — não da forma que eu esperava, mas da maneira que eles conseguiam. Algo se abriu em mim. Não importava se eles podiam ou não me amar, mas, sim, se eu conseguia receber o que tinham para oferecer. Eles eram os mesmos pais de sempre. A diferença estava em mim. Eu estava voltando a amá-los, do jeito que devo ter me sentido quando era bebê, antes do rompimento de vínculo com minha mãe.

Minha precoce separação materna, junto com traumas semelhantes que herdei do meu histórico familiar — especificamente, o fato de que três dos meus avós perderam suas mães em tenra idade, e o quarto perdeu o pai quando criança (assim como a atenção de sua mãe em meio à dor) —, ajudou a estabelecer minha linguagem secreta do medo. As palavras *sozinho*, *incapaz* e *arruinado*, e os sentimentos que as acompanhavam, estavam finalmente perdendo o poder de me desorientar. Eu estava ganhando uma nova vida, e minha relação renovada com meus pais era uma grande parte disso.

Nos meses seguintes, restabeleci uma relação afetuosa com minha mãe. Seu amor, que antes parecia invasivo e aversivo, agora era relaxante e restaurador. Também tive a sorte de passar dezesseis anos próximo ao meu pai antes de ele morrer. Na demência que dominou os últimos quatro anos de sua vida, ele me ensinou talvez a lição mais valiosa sobre vulnerabilidade e amor que já aprendi. Juntos, nos encontramos naquele lugar além do pensamento, além da mente, onde apenas o amor mais profundo habita.

Em minhas viagens, tive muitos professores excelentes. Todavia, em retrospecto, percebo que foi meu olho — meu olho estressado, atormentado e apavorante — que me fez dar a volta por cima, me reaproximar de meus pais, superar o trauma familiar e, finalmente, retornar ao meu coração. Meu olho foi, sem dúvida, o maior professor de todos eles.

A certa altura, parei até mesmo de pensar em meu olho e de me preocupar se ele iria melhorar ou piorar. Não tinha mais expectativas de enxergar bem de novo. De alguma forma, isso deixou de ser importante. Não muito depois, minha visão voltou. Eu não esperava que isso acontecesse. Nem precisava disso. Aprendera a ficar bem, independentemente do meu olho.

Hoje, minha visão é perfeita, embora meu oftalmologista jure que, com a quantidade de cicatrizes que ainda tenho na retina, eu não deveria ser capaz de enxergar. Ele apenas balança a cabeça e pressupõe que, de alguma forma, os sinais de luz devem ricochetear e contornar a fóvea, a região central da retina. Assim como acontece com muitas histórias de cura e transformação, o que começou parecendo adversidade era, na verdade, uma graça disfarçada. Ironicamente, depois de vasculhar os recônditos do planeta em busca de respostas, descobri que os maiores recursos de cura já estavam dentro de mim, esperando para serem escavados.

Em última análise, a cura é um trabalho interno. Felizmente, meus professores me levaram de volta aos meus pais e à minha casa interior. Ao longo do caminho, descobri histórias familiares que acabaram me trazendo paz. Devido à gratidão e à nova sensação de liberdade, tornou-se minha missão ajudar outras pessoas a passarem pelo mesmo processo.

A linguagem foi minha porta de entrada para o mundo da psicologia. Tanto como estudante quanto como psicólogo clínico, tive pouco interesse em testes, teorias e modelos de comportamento. Em vez disso, optei por ouvir a linguagem. Desenvolvi técnicas de escuta e me capacitei a ouvir o que as pessoas diziam por trás de suas queixas e de suas velhas histórias. Aprendi a ajudá-las a identificar as palavras específicas que levavam à origem de sua dor. E, embora alguns teóricos postulem que a linguagem desaparece durante o trauma, em vários casos, constatei em primeira mão que ela nunca se perde. Apenas vaga pelos reinos do inconsciente, esperando para ser redescoberta.

Não é por acaso que considero a linguagem uma ferramenta potente de cura. Desde sempre, ela tem sido minha professora, minha maneira de organizar e compreender o mundo. Escrevo poesia desde a adolescência e largo tudo (bem, quase tudo) quando um impulso de linguagem urgente insiste em irromper. Sei que do outro lado dessa entrega há insights que, de outra forma, não seriam acessíveis. No meu próprio processo, foi essencial identificar as palavras *sozinho, incapaz* e *arruinado*.

De muitas maneiras, curar traumas é semelhante a escrever um poema. Ambos exigem as palavras, a imagem e o momento certos. Quando esses elementos se alinham, algo significativo e sensorial é desencadeado. Para que haja cura, nosso ritmo deve estar em consonância. Se alcançarmos uma imagem rápido demais, ela pode não se enraizar. Se as palavras que nos confortam surgirem muito cedo, talvez não estejamos prontos para recebê-las. Se as palavras não forem precisas, podemos não ouvi-las ou não assimilá-las.

Ao longo de minha prática como professor e palestrante, associei o meu conhecimento do papel crucial da linguagem aos insights e métodos adquiridos no meu treinamento em traumas familiares herdados. Chamo isso de *abordagem da linguagem central*. Por meio de perguntas específicas, ajudo as pessoas a descobrirem a origem por trás dos sintomas físicos e emocionais que as prejudicam. Desvendar a linguagem certa não apenas expõe o trauma, mas também revela as ferramentas e as imagens necessárias à cura. Ao aplicar esse método, testemunhei padrões profundamente arraigados de depressão, ansiedade e vazio mudarem com uma epifania.

Nessa jornada, o veículo é a linguagem — a linguagem oculta de nossas preocupações e nossos medos. É provável que ela sempre tenha vivido dentro de nós. Pode ter se originado com nossos pais, ou mesmo com gerações anteriores, como nossos bisavós. Nossa linguagem central insiste em ser ouvida. Quando seguimos sua direção e escutamos sua história, ela adquire o poder de neutralizar nossos medos mais profundos.

Ao longo do caminho, é provável que encontremos familiares conhecidos e desconhecidos. Alguns já morreram há anos. Outros nem são parentes, mas seu sofrimento ou sua crueldade pode ter alterado o destino de nossa família. Talvez até descubramos um ou dois segredos ocultos em histórias que há muito foram enterradas. Porém, independentemente de aonde essa exploração nos levar, minha experiência sugere que chegaremos a um novo lugar em nossas vidas, com uma maior sensação de liberdade em nossos corpos e uma capacidade de estar mais em paz conosco.

Neste livro, aproveitei as histórias de pessoas com quem trabalhei em meus workshops, treinamentos e atendimentos individuais. Os detalhes do caso são reais, mas, a fim de proteger sua privacidade, mudei seus nomes e outras características de identificação. Sou profundamente grato a elas por me permitirem compartilhar a linguagem secreta de seus medos, por confiarem em mim e me concederem o privilégio de ouvir o essencial por trás de suas palavras.

Parte I

A Rede do Trauma Familiar

Capítulo 1

Achados e Perdidos: Traumas

O passado não está morto. Na verdade, nem sequer é passado.

— **William Faulkner**, *Réquiem por uma Freira*

Uma característica bem documentada do trauma, e familiar para muitos, é a nossa incapacidade de articular o acontecimento. Não apenas nos escapam as palavras, mas algo acontece com nossa memória. Durante um incidente traumático, nossos processos de pensamento podem ficar dispersos e desordenados de tal modo que não reconhecemos mais as memórias como pertencentes ao evento original. Em vez disso, fragmentos de memória, distribuídos em imagens, sensações corporais e palavras, são armazenados em nosso inconsciente e, posteriormente, podem ser ativados por qualquer reminiscência mínima da experiência original. Uma vez desencadeados, é como se um botão invisível de rebobinar tivesse sido pressionado, fazendo-nos reviver aspectos do trauma em nosso dia a dia. Inconscientemente, podemos reagir a certas pessoas ou situações de maneiras antigas e familiares que ecoam o passado.

Há mais de cem anos, Sigmund Freud identificou esse padrão. A reencenação traumática, ou "compulsão à repetição", como denominado pelo psicanalista, é uma tentativa do inconsciente de repetir o que não foi resolvido, para que possamos "solucioná-lo". Esse impulso inconsciente de reviver eventos passados pode ser um dos mecanismos em ação quando as famílias reproduzem traumas não resolvidos nas gerações futuras.

16   Não Começou com Você

Carl Jung, contemporâneo de Freud, também acreditava que o que permanece inconsciente não se dissipa, mas reaparece em nossas vidas como destino ou sorte. Tudo o que não é consciente, afirmou ele, será experimentado como destino. Em outras palavras, é provável que continuemos repetindo nossos padrões inconscientes até que os tragamos à luz da consciência. Tanto Jung quanto Freud observaram que tudo o que é muito difícil de processar não desaparece por conta própria, pelo contrário, é armazenado em nosso inconsciente.

Freud e Jung observaram como fragmentos de experiências de vida previamente bloqueadas, suprimidas ou reprimidas apareceriam nas palavras, nos gestos e nos comportamentos dos pacientes. Nas décadas seguintes, certos indícios — lapsos de linguagem, padrões de acidente ou imagens oníricas, por exemplo — foram considerados pelos terapeutas como manifestações das regiões indizíveis e impensáveis da vida de seus clientes.

Avanços recentes na tecnologia de imagem possibilitaram aos pesquisadores desvendar as funções cerebrais e corporais que "falham" ou paralisam durante episódios avassaladores. Bessel van der Kolk é um psiquiatra holandês conhecido por suas pesquisas sobre estresse pós-traumático. Ele explica que, durante um trauma, o centro da fala é desligado, assim como o córtex pré-frontal medial, a parte do cérebro responsável por vivenciar o momento presente. O psiquiatra descreve o *terror mudo* do trauma como a experiência de *ficar sem palavras*, uma ocorrência comum quando as vias cerebrais da recordação são obstruídas durante períodos de ameaça ou perigo. "Quando as pessoas revivem suas experiências traumáticas", explica ele, "o lobo frontal é afetado e, como resultado, elas têm problemas para pensar e falar. Não são mais capazes de comunicar a si próprias ou aos outros exatamente o que está acontecendo".[1]

Ainda assim, nem tudo é silencioso: palavras, imagens e impulsos que se fragmentam após um evento traumático ressurgem para formar uma linguagem secreta do sofrimento que carregamos. Nada é perdido. Os fragmentos são apenas redirecionados.

Agora, as tendências emergentes em psicoterapia estão começando a extrapolar os traumas do indivíduo para incluir acontecimentos traumáticos na família e na história social como parte do quadro geral. As tragédias que variam em tipo e intensidade — como abandono, suicídio e guerra, ou a morte prematura de um filho, pai ou irmão — podem transmitir, de uma geração para a outra, angustiantes ondas de choque em cascata. Desenvolvimentos recentes nas áreas de biologia celular, neurociência, epigenética e psicologia do desenvolvimento ressaltam a importância de explorar pelo menos três gerações de história familiar para compreender o mecanismo por trás dos padrões de trauma e sofrimento que se repetem.

A história a seguir é um exemplo vívido. Quando conheci Jesse, fazia mais de um ano que ele não dormia uma noite toda. Sua insônia era evidente em suas olheiras, mas seu olhar vazio sugeria uma história mais profunda. Embora tivesse apenas 20 anos, parecia pelo menos 10 anos mais velho. Ele afundou no meu sofá como se suas pernas não pudessem mais suportar seu peso.

Jesse explicou que fora um atleta admirável e um aluno exemplar, mas que sua insônia persistente desencadeara uma espiral descendente de aflição e depressão. Como resultado, ele largou a faculdade e perdeu a bolsa de beisebol que se esforçara tanto para conseguir. Desesperado, procurou ajuda para colocar sua vida nos eixos. No ano anterior, fora a três médicos, dois psicólogos, uma clínica do sono e um médico naturopata. Nenhum deles, relatou em tom monótono, conseguiu oferecer qualquer ajuda ou compreensão real. Jesse, que olhava principalmente para o chão enquanto contava sua história, afirmou que estava no limite.

Quando perguntei se tinha alguma ideia sobre o que poderia ter causado sua insônia, ele balançou a cabeça negativamente. Sempre dormira com facilidade até que, certa noite, logo após seu aniversário de 19 anos, acordou de supetão às 3h30. Estava gelado, tremendo, incapaz de se aquecer por mais que tentasse. Três horas e vários cobertores depois, Jesse permanecia desperto. Não estava apenas com frio e cansado, mas tomado por um medo estranho que nunca experimentara antes, um medo de que algo terrível poderia acontecer se adormecesse novamente. *Se eu dormir, nunca mais acordarei.* Sempre que ficava sonolento, o medo o impelia ao estado de vigília. O padrão se repetiu nas noites seguintes. Logo a insônia se tornou um suplício noturno. Ele sabia que seu medo era irracional, mas não tinha forças para eliminá-lo.

Escutei Jesse com atenção. O que se destacou para mim foi um detalhe incomum — pouco antes do primeiro episódio, ele estava com muito frio, "gelado", disse. Comecei a explorar essa informação e lhe perguntei se alguém de qualquer lado da família sofreu um trauma que envolvia sentir *frio*, ficar *sonolento* ou ter *19 anos*.

Jesse revelou que, recentemente, sua mãe lhe contara sobre a trágica morte do irmão mais velho de seu pai — um tio que ele nunca soube que existira. Tio Colin, com apenas 19 anos, congelou até a morte ao verificar as linhas de transmissão em uma tempestade ao norte de Yellowknife, nos Territórios do Noroeste do Canadá. Rastros na neve indicaram que ele lutara para sobreviver. Acabou sendo encontrado de bruços em uma nevasca, desacordado devido à hipotermia. Sua morte foi uma perda tão trágica que a família nunca mais pronunciou seu nome.

Agora, três décadas depois, de modo inconsciente, Jesse revivia aspectos da morte de Colin — especificamente, o terror de ceder ao estado de inconsciência. Para o tio, ceder significava morte. Para o sobrinho, adormecer adquiriu o mesmo sentido.

Fazer essa conexão foi um divisor de águas para Jesse. Ao compreender que sua insônia derivava de um evento ocorrido trinta anos antes, finalmente obteve uma explicação para o medo de adormecer. O processo de cura poderia começar. Com as ferramentas aprendidas em nossa colaboração, que serão detalhadas mais adiante, Jesse foi capaz de se desvencilhar do trauma sofrido por um tio que nunca conhecera, mas cujo terror inconscientemente assumira como seu. Não apenas se livrou do peso excruciante da insônia, mas também adquiriu um senso mais profundo de conexão com sua família, seu presente e seu passado.

Na tentativa de explicar histórias como a de Jesse, os cientistas agora são capazes de identificar biomarcadores — evidências de que traumas podem passar e, de fato, passam de uma geração para a outra. Rachel Yehuda, professora de psiquiatria e neurociência da Faculdade de Medicina Monte Sinai, em Nova York, é uma das maiores especialistas mundiais em transtorno de estresse pós-traumático (TEPT), uma verdadeira pioneira nessa área. Em vários estudos, Yehuda examinou a neurobiologia do TEPT em sobreviventes do Holocausto e seus filhos. Sua pesquisa sobre o cortisol em particular (o hormônio do estresse que ajuda nosso corpo a voltar ao normal após um trauma) e seus efeitos na função cerebral revolucionou a compreensão e o tratamento do TEPT em todo o mundo. (Pessoas que sofrem desse transtorno revivem sensações e sentimentos associados a um trauma, apesar de ele ter ocorrido no passado. Os sintomas incluem depressão, ansiedade, torpor, insônia, pesadelos, pensamentos aterradores e suscetibilidade ao medo ou à tensão de estar "no limite".)

Yehuda e sua equipe constataram que filhos de sobreviventes do Holocausto com TEPT nasceram com níveis baixos de cortisol semelhantes aos de seus pais, o que os predispõe a reviver os sintomas provenientes da geração anterior. A descoberta de baixos níveis de cortisol em pessoas que vivenciam um evento traumático agudo tem sido controversa, pois contraria a noção consolidada de que o estresse está associado a níveis elevados de cortisol. Especificamente, nos casos de TEPT crônico, a produção de cortisol pode ser suprimida, contribuindo para os baixos níveis verificados tanto em sobreviventes quanto em seus filhos.

Yehuda detectou baixos níveis semelhantes de cortisol em veteranos de guerra; e em grávidas que, após os ataques ao World Trade Center, desenvolveram TEPT, bem como em seus filhos. A pesquisadora não apenas descobriu que os sobreviventes produziam menos cortisol, uma característica que podem passar para seus filhos, mas observou que vários transtornos psiquiátricos relacionados ao estresse, incluindo TEPT, síndrome da dor crônica e síndrome da fadiga crônica, estão associados a baixos níveis de cortisol no sangue.[2] Curiosamente, 50% a 70% dos pacientes com TEPT também atendem aos critérios de diagnóstico de depressão maior ou outro transtorno de humor ou ansiedade.[3]

A pesquisa de Yehuda comprova que temos três vezes mais probabilidade de apresentar sintomas de TEPT se um de nossos pais tiver o transtorno e, como resultado, é provável que soframos de depressão ou ansiedade.[4] Ela acredita que esse tipo de TEPT geracional é herdado, e não desencadeado pela exposição às histórias dos infortúnios vividos por nossos pais.[5] Yehuda foi uma das primeiras pesquisadoras a demonstrar como descendentes de sobreviventes carregam os sintomas físicos e emocionais de traumas que não vivenciaram diretamente.

É o caso de Gretchen. Após anos de antidepressivos, sessões de psicoterapia e terapia em grupo, e várias abordagens cognitivas para mitigar os efeitos do estresse, seus sintomas de depressão e ansiedade permaneceram os mesmos.

Gretchen revelou que não queria mais viver. Desde sempre, lutara contra emoções tão intensas que mal conseguia conter os impulsos de seu corpo. Ela foi internada várias vezes em um hospital psiquiátrico, onde foi diagnosticada como bipolar com um grave transtorno de ansiedade. A medicação lhe proporcionou certo alívio, mas nunca atenuou sua forte ideação suicida. Quando adolescente, Gretchen se queimava com um cigarro aceso. Agora, aos 39 anos, estava farta. Sua depressão e ansiedade, afirmou, a impediram de se casar e ter filhos. Em um tom de voz surpreendentemente impassível, ela me contou que planejava se suicidar antes do próximo aniversário.

Ao ouvir Gretchen, tive a forte impressão de que deveria existir um trauma significativo em sua história familiar. Nestes casos, acho essencial prestar muita atenção às palavras, a fim de identificar indícios do evento traumático subjacente aos sintomas de um paciente.

Quando perguntei como planejava se matar, Gretchen respondeu que iria se "vaporizar". Por mais incompreensível que pareça, seu plano era literalmente pular em um tanque de aço fundido na fábrica onde seu irmão trabalhava. "Meu corpo vai incinerar em segundos", declarou, fitando-me, "antes mesmo de chegar ao fundo".

Sua falta de emoção me impressionou. Qualquer sentimento latente parecia ter sido guardado a sete chaves. Ao mesmo tempo, as palavras *vaporizar* e *incinerar* me abalaram. Como já havia trabalhado com muitos filhos e netos de famílias afetadas pelo Holocausto, aprendi a deixar que suas palavras me guiassem. Queria que Gretchen me contasse mais.

Perguntei se algum de seus familiares era judeu ou vivenciara o Holocausto. Gretchen negou, mas então se deteve e relembrou uma história sobre sua avó. Ela nasceu em uma família judia na Polônia, mas se converteu ao catolicismo em 1946, quando foi para os Estados Unidos e se casou com o avô de Gretchen. Dois anos antes, toda a família de sua avó morrera nos fornos de Auschwitz, sendo literalmente gaseada — exposta a gases tóxicos — e incinerada. Nenhum parente próximo de Gretchen conversou com sua avó sobre a guerra, ou sobre o destino de seus irmãos ou pais. Em vez disso, como costuma acontecer com traumas graves, a família evitou totalmente o assunto.

Gretchen conhecia os fatos básicos da sua história familiar, mas nunca os relacionara a sua própria ansiedade e depressão. Para mim, era evidente que as palavras empregadas e os sentimentos descritos não provinham dela, mas, sim, de sua avó e dos parentes falecidos.

À medida que eu elucidava a conexão, Gretchen ouvia atentamente. Seus olhos se arregalaram e suas bochechas enrubesceram. Percebi que ela se identificou com minhas palavras. Pela primeira vez, obteve uma explicação plausível para seu sofrimento.

A fim de ajudá-la a aprofundar seu novo entendimento, convidei-a a se colocar no lugar da avó, representada por um par de pegadas de borracha que centralizei no carpete do meu escritório. Pedi-lhe que se imaginasse sentindo o que a avó poderia ter sentido após perder todos os seus entes queridos. Para avançar ainda mais, solicitei que se posicionasse sobre as pegadas, colocando-se literalmente *no lugar da avó*, percebendo seus sentimentos como se habitasse o corpo *dela*. Gretchen relatou sensações avassaladoras de perda e tristeza, solidão e isolamento. Também experimentou o profundo sentimento de culpa comum aos sobreviventes, a sensação de continuar vivo enquanto seus entes queridos foram mortos.

Muitas vezes, para processar o trauma, é proveitoso que os pacientes experienciem de forma direta as sensações e os sentimentos submersos em seu corpo. Ao acessá-los, Gretchen percebeu que sua intenção de se autodestruir estava profundamente interligada aos parentes falecidos. Também compreendeu que assumira um aspecto do desejo que a avó tinha de morrer. Conforme assimilou essa compreensão, adquirindo uma nova perspectiva de sua história familiar, seu corpo relaxou, como se algo há muito tempo enrijecido dentro dela agora pudesse afrouxar.

Assim como aconteceu com Jesse, o fato de Gretchen reconhecer que seu trauma estava enterrado na história tácita de sua família foi apenas o primeiro passo do processo de cura. Por si só, é raro que uma compreensão intelectual seja suficiente para que ocorra uma mudança duradoura. Com frequência, o entendimento precisa ser acompanhado por uma experiência visceral profundamente sentida. Exploraremos mais a fundo as maneiras pelas quais a cura se torna totalmente integrada para que, por fim, as feridas das gerações anteriores sejam cicatrizadas.

Uma Inesperada Herança Familiar

Um menino pode ter as pernas compridas do avô; uma menina pode ter o nariz da mãe, mas Jesse herdou o medo do tio de nunca mais acordar, e Gretchen carregou a história familiar do Holocausto em sua depressão. Adormecidos em cada um deles, havia fragmentos de traumas graves demais para serem resolvidos em uma geração.

Quando nossos familiares passam por traumas terríveis ou sofrem com imensa culpa ou pesar, os sentimentos podem ser devastadores, agravando-se a ponto de se tornarem incontroláveis e irresolúveis. É da natureza humana: se a dor é muito grande, tendemos a evitá-la. No entanto, ao bloquearmos os sentimentos, inadvertidamente retardamos o processo de cura necessário que pode acarretar um alívio natural.

Às vezes, a dor submerge até encontrar um caminho para a manifestação ou a resolução. Essa manifestação costuma ser encontrada nas gerações seguintes e pode reemergir como sintomas difíceis de explicar. Para Jesse, o frio implacável e os tremores apareceram apenas quando atingiu a mesma idade que seu tio Colin tinha quando congelou até a morte. Para Gretchen, o desespero ansioso e a ideação suicida de sua avó sempre a acompanharam. Esses sentimentos se tornaram uma parte tão significativa da sua vida que ninguém pensou em considerar que não se originavam dela.

Atualmente, a sociedade não oferece muitas possibilidades para ajudar pessoas como Jesse e Gretchen, que carregam vestígios de traumas familiares herdados. Em regra, as alternativas são: consultar um médico, psicólogo ou psiquiatra e, então, tomar medicamentos, fazer terapia ou alguma combinação de ambos. Porém, embora essas opções possam trazer certo alívio, geralmente não proporcionam uma solução completa.

Nem todos têm traumas tão consideráveis quanto os de Gretchen ou Jesse na história de sua família. Contudo, eventos como a morte de um pai ou filho, uma criança entregue à adoção, a perda de uma casa ou mesmo a privação de atenção materna podem derrubar os alicerces e restringir o fluxo de amor em nossa família. Ao considerar a origem desses traumas, padrões familiares antigos podem finalmente ser enterrados. É importante observar que nem todos os efeitos do trauma são negativos. No próximo capítulo, abordarei as mudanças epigenéticas — as modificações químicas de nossas células como resultado de um acontecimento traumático.

De acordo com Rachel Yehuda, o propósito de uma mudança epigenética é expandir a variedade de reações a situações estressantes, o que, segundo ela, é algo positivo. A pesquisadora questiona: "Com quem você prefere estar em uma zona de guerra? Alguém que já passou por adversidades [e] sabe se defender? Ou alguém que nunca teve que lutar por nada?"[6] Yehuda explica que, ao compreendermos a função das mudanças biológicas do estresse e do trauma, "podemos desenvolver uma maneira melhor de explicar a nós mesmos quais são nossas verdadeiras capacidades".[7]

Partindo desse ponto de vista, os traumas que herdamos ou vivenciamos em primeira mão podem não apenas criar um legado de angústia, mas também estabelecer uma herança de força e resiliência para as próximas gerações.

Capítulo 2

Três Gerações de Herança Compartilhada: O Corpo Familiar

Tenho a forte impressão de estar sob a influência de coisas e problemas que foram deixados incompletos e sem resposta por parte de meus pais, de meus avós e de outros antepassados. Muitas vezes parece haver numa família um carma impessoal que se transmite dos pais aos filhos. Sempre pensei que teria de responder a questões que o destino já propusera a meus antepassados, sem que estes lhes houvessem dado qualquer resposta; ou melhor, que deveria terminar ou simplesmente prosseguir, tratando de problemas que as épocas anteriores haviam deixado em suspenso.

— **Carl Jung**, *Memórias, Sonhos, Reflexões*

A história que compartilhamos com nossa família começa muito antes de sermos concebidos. Em sua forma biológica inicial, como um óvulo não fertilizado, você já compartilhava um ambiente celular com sua mãe e sua avó. Quando sua avó estava grávida de cinco meses, a célula precursora do óvulo do qual você se desenvolveu já estava presente nos ovários do feto que viria a ser sua mãe.

Isso significa que, antes mesmo de sua mãe nascer, ela, sua avó e os primeiros vestígios de você estavam todos no mesmo corpo — três gerações compartilhando o mesmo ambiente biológico.[1] Tal informação não é novidade: os livros de embriologia afirmam isso há mais de um século. De forma semelhante, sua origem pode ser traçada na linha paterna. As células precursoras do esperma a partir do qual você se desenvolveu estavam presentes no seu pai quando ele era um feto no útero de sua avó.[2]

26   Não Começou com Você

A partir das descobertas atuais, provenientes dos estudos de Yehuda e outros, sobre as maneiras pelas quais o estresse pode ser herdado, é possível começar a mapear como os resíduos biológicos de traumas vivenciados por sua avó são transmitidos, com consequências abrangentes.

No entanto, há uma diferença biológica significativa na evolução do óvulo e do esperma. Quando seu pai atingiu a puberdade, seu esperma continuou a se multiplicar, enquanto sua mãe nasceu com um estoque definido de óvulos para a vida. Assim que os óvulos dela foram formados no útero de sua avó, essa linhagem de células parou de se dividir.[3] Então, cerca de doze a quarenta anos depois, um desses óvulos, fertilizado pelo esperma de seu pai, acabou se transformando em quem você é hoje. Segundo a ciência, eventos com potencial para afetar as gerações subsequentes podem ficar marcados tanto no óvulo precursor quanto nas células espermáticas. Como o esperma de seu pai continuou a se desenvolver ao longo da adolescência e da idade adulta, ele permaneceu suscetível a marcas traumáticas quase até o momento em que você foi concebido.[4] As implicações são surpreendentemente vastas, como podemos observar nas pesquisas em desenvolvimento.

Biologia Celular

Inicialmente, os cientistas acreditavam que os genes de nossos pais formavam o blueprint a partir do qual somos gerados e que, com a quantidade certa de orientação e nutrição, nos desenvolveríamos perfeitamente conforme o planejado. Agora sabemos que nosso blueprint genético é apenas o ponto de partida, uma vez que, desde a concepção, as influências do meio ambiente começam a nos moldar emocional, psicológica e biologicamente, e essa formação se mantém ao longo de nossas vidas.

Bruce Lipton, o pioneiro biólogo celular, demonstra que nosso DNA pode ser afetado por emoções, crenças e pensamentos negativos e positivos. Como professor universitário de medicina e cientista pesquisador, ele passou décadas investigando os mecanismos pelos quais as células recebem e processam informações. De 1987 a 1992, atuando como pesquisador da Universidade Stanford, o Dr. Lipton constatou que os sinais do ambiente podem operar por meio da membrana celular, controlando o comportamento e a fisiologia da célula, que por sua vez podem ativar ou silenciar um gene. Suas ideias e descobertas, antes consideradas controversas, foram corroboradas por muitos pesquisadores. Em decorrência do seu trabalho com células animais e humanas, agora temos uma compreensão de como, no útero, a memória celular é transferida da mãe para o nascituro.

De acordo com Lipton, "as emoções da mãe, como medo, raiva, amor, esperança, entre outras, podem alterar bioquimicamente a expressão genética de sua prole".[5] Durante a gravidez, os nutrientes do sangue da mãe alimentam o feto por meio da placenta. Com os nutrientes, ela também libera uma série de hormônios e sinais de informação suscitados pelas emoções. Esses sinais químicos ativam proteínas receptoras específicas nas células, desencadeando uma cascata de mudanças fisiológicas, metabólicas e comportamentais no corpo da mãe e no feto.

Emoções crônicas ou recorrentes, como raiva e medo, podem marcar a criança, essencialmente preparando ou "pré-programando" sua forma de adaptação ao ambiente.[6] Lipton explica: "Ao atravessar a placenta [humana], os hormônios do estresse fazem com que os vasos sanguíneos fetais fiquem mais contraídos nas vísceras, enviando mais sangue para a periferia e preparando o feto para uma resposta comportamental de luta/fuga."[7] Nesse sentido, a criança que vivenciou um ambiente estressante no útero pode tornar-se reativa em uma situação semelhante de estresse.

Atualmente, existem vários estudos que documentam como o estresse de uma grávida, mesmo no primeiro trimestre, pode afetar seu filho. Um desses estudos, publicado na *Biological Psychiatry* em 2010, analisou a relação entre o estresse pré-natal e seus efeitos no neurodesenvolvimento de bebês. A fim de determinar os níveis de estresse, os pesquisadores mediram o hormônio cortisol (controlador do estresse) no líquido amniótico de 125 grávidas. Os resultados revelaram que os nascituros expostos, dezessete semanas após a concepção, a um aumento do cortisol apresentaram desenvolvimento cognitivo prejudicado ao serem avaliados com 1 ano e 5 meses de idade.[8]

Em seu livro *Nurturing the Unborn Child: A nine-month program for soothing, stimulating, and communicating with your baby* [sem publicação no Brasil], o psiquiatra Thomas Verny afirma: "Se uma grávida passa por estresse agudo ou crônico, seu corpo produz hormônios do estresse (incluindo adrenalina e noradrenalina) que percorrem sua corrente sanguínea até o útero, induzindo o mesmo estado estressante no nascituro."[9] Ele prossegue: "Nossos estudos mostram que mães sob estresse excessivo e constante são mais propensas a ter bebês prematuros, com peso abaixo da média, hiperativos, irritadiços e com cólicas. Em casos extremos, eles podem nascer com os polegares esfolados ou até com ulcerações devido à sucção."[10]

Lipton enfatiza a importância do que denomina parentalidade consciente — adquirir a consciência de que, da concepção ao pós-natal, a saúde e o desenvolvimento de uma criança podem ser profundamente influenciados pelos pensamentos, pelas atitudes e pelos comportamentos dos genitores.[11] "Pais que não desejam ter um filho, pais que estão sempre preocupados com suas próprias chances de sobrevivência e, consequentemente, com as de sua prole, mulheres que sofrem abusos físicos e emocionais durante a gravidez, todos esses aspectos representam situações nas quais estímulos ambientais adversos em torno do nascimento podem ser passados para a criança."[12]

Com base no conhecimento de que as emoções podem ser comunicadas biologicamente e no fato de que as três gerações compartilham o mesmo ambiente biológico do útero, imagine o seguinte cenário: um mês antes de sua mãe nascer, sua avó recebe a notícia devastadora de que o marido morreu em um acidente. Com um novo bebê chegando e pouco tempo para lamentar a perda, sua avó provavelmente submergiria as emoções no corpo que agora divide com a filha e o neto. Você e sua mãe, de certa forma, reconheceriam essa dor, proveniente de um lugar bem profundo, compartilhado pelos três.

É nesse ambiente compartilhado que o estresse pode causar alterações em nosso DNA. Na próxima seção, abordarei como os genes são afetados por traumas em nossa história familiar.

Epigenética

O trabalho de Bruce Lipton sobre a memória celular precede e ampara a área crescente da epigenética — o estudo das mudanças hereditárias na função do gene que ocorrem sem alteração na sequência de DNA.[13] Inicialmente, acreditava-se que nossa herança genética era transmitida apenas por meio do DNA cromossômico que recebíamos de nossos pais. Agora, com uma maior compreensão do genoma humano, os cientistas constataram que, surpreendentemente, o DNA cromossômico — responsável por transmitir características físicas, como a cor de cabelo, olhos e pele — representa menos de 2% do nosso DNA total.[14] Os outros 98% consistem no que é chamado de DNA não codificante (ncDNA) e é responsável por muitos dos traços emocionais, comportamentais e de personalidade que herdamos.[15]

Com a premissa de que o ncDNA era, em grande parte, inútil, os cientistas costumavam chamá-lo de "DNA lixo". Porém, há pouco tempo, houve um reconhecimento de sua importância. Curiosamente, a porcentagem de DNA não codificante aumenta com a complexidade do organismo — os humanos têm a maior porcentagem.[16]

O ncDNA é afetado por estressores ambientais, como toxinas e alimentação inadequada, bem como emoções estressantes.[17, 18] O DNA afetado transmite informações que auxiliam na nossa preparação para a vida fora do útero, garantindo que tenhamos as características específicas necessárias à adaptação ao nosso ambiente.[19] De acordo com Rachel Yehuda, as mudanças epigenéticas nos preparam biologicamente para lidar com os traumas vivenciados por nossos pais.[20] Em preparação para lidar com estressores semelhantes, nascemos com um conjunto específico de ferramentas que nos ajudam a sobreviver.

Por um lado, são aspectos benéficos. Nascemos com um conjunto de habilidades intrínsecas — uma "resiliência ambiental", nas palavras de Yehuda — que possibilitam a adaptação a situações estressantes.[21] Por outro lado, essas adaptações herdadas também podem ser prejudiciais. Por exemplo, o filho de um pai que, no início da vida, viveu em uma zona de guerra pode herdar o impulso de se encolher em resposta a estrondos repentinos. Embora esse instinto seja protetivo na hipótese de uma ameaça de bomba, a reação de susto intensificada pode manter a pessoa em um estado altamente reativo, mesmo quando não há perigo. Neste caso, há uma incongruência entre a preparação epigenética da criança e o ambiente real. Essa dissonância pode acarretar uma predisposição a transtornos de estresse e doenças na vida adulta.[22, 23]

Essas mudanças adaptativas são provocadas por sinais químicos nas células, conhecidos como marcadores epigenéticos, que se associam ao DNA e determinam que a célula ative ou silencie um gene específico. "Há algo no ambiente externo que afeta o ambiente interno e, antes que percebamos, um gene está funcionando de maneira diferente", afirma Yehuda.[24] A sequência de DNA em si não muda, mas, devido a esses marcadores epigenéticos, sua expressão se altera. A pesquisa demonstrou que eles podem ser responsáveis pelas diferenças no modo como regulamos o estresse na vida adulta.[25]

Os cientistas acreditavam que os efeitos do estresse eram eliminados no espermatozoide e nos óvulos precursores (logo após a fertilização), antes que qualquer informação epigenética pudesse afetar a próxima geração — como se fossem dados apagados do disco rígido de um computador. No entanto, eles comprovaram que certos marcadores epigenéticos escapam desse processo de reprogramação e são, de fato, transmitidos ao óvulo precursor e às células espermáticas que nos originam.[26]

O marcador epigenético mais comum é a metilação do DNA, um processo que bloqueia a ligação de proteínas a um gene, suprimindo sua expressão.[27] Isso pode afetar nossa saúde de modo favorável ou adverso, "inativando" genes "úteis" ou "inúteis". Os pesquisadores observaram que, quando ocorre um estressor ou trauma, certas irregularidades na metilação do DNA, junto com a predisposição a problemas de saúde física ou emocional, podem ser transmitidas para as gerações subsequentes.[28, 29]

Outro mecanismo epigenético que desempenha um papel significativo na regulação gênica é a pequena molécula de RNA não codificante chamada microRNA. Tal como acontece com a metilação do DNA, irregularidades induzidas por estresse nos níveis de microRNA podem afetar a forma como os genes se expressam em várias gerações.[30]

Entre os diversos genes afetados pelo estresse estão o CRF1 (receptor do hormônio liberador de corticotropina) e o CRF2. Níveis elevados desses genes foram observados em pessoas que sofrem de depressão e ansiedade.[31] Eles podem ser herdados de mães estressadas que compartilham quantidades excessivas semelhantes.[32] Os cientistas documentaram inúmeros outros genes que também podem ser afetados por traumas vividos no início da vida.[33, 34]

"Nossa pesquisa demonstra que os genes preservam algumas memórias das experiências passadas", atesta o Dr. Jamie Hackett, da Universidade de Cambridge.[35]

O estudo histórico conduzido por Yehuda em 2005 promoveu um esclarecimento considerável à ideia de que os padrões de estresse são, de fato, transferidos das grávidas para seus filhos. Mulheres no segundo ou terceiro trimestre de gestação que estavam perto ou no World Trade Center durante os ataques de 11 de Setembro, na cidade de Nova York, e que desenvolveram TEPT deram à luz crianças com níveis baixos de cortisol.[36] Além de serem menores para a idade gestacional,[37] seus filhos manifestaram forte angústia em resposta a novos estímulos. Quando os níveis de cortisol estão comprometidos, a nossa capacidade de regular as emoções e controlar o estresse também é afetada. Yehuda e sua equipe sugerem que esses resultados ocorrem muito provavelmente devido a mecanismos epigenéticos; eles encontraram dezesseis genes que, em comparação às mulheres que não desenvolveram TEPT após a tragédia, se expressaram de forma diferente naquelas que apresentaram o transtorno.[38]

Em um estudo de agosto de 2015 publicado na *Biological Psychiatry*, Yehuda e sua equipe do Hospital Mount Sinai, em Nova York, demonstraram que as alterações genéticas podem ser transmitidas de pais para filhos. Ao analisar uma região específica do gene FKBP5, associado à regulação do estresse, eles descobriram que os judeus que sofreram traumas durante o Holocausto e seus filhos compartilhavam um padrão genético semelhante. Especificamente, Yehuda e sua equipe encontraram marcadores epigenéticos na mesma parte do gene, tanto no genitor quanto no filho. Eles compararam os resultados com famílias judias que não viviam na Europa durante a guerra e constataram que as mudanças genéticas nas crianças poderiam ser atribuídas apenas ao trauma vivenciado pelos pais.[39]

Atualmente, há um número significativo de estudos que revelam como as experiências traumáticas dos genitores podem influenciar a expressão gênica e os padrões de estresse dos filhos. Em um artigo intitulado "Epigenetic Mechanisms of Depression", publicado em fevereiro de 2014 na *JAMA Psychiatry*, o Dr. Eric Nestler declarou: "Na verdade, comprovou-se que acontecimentos de vida estressantes alteram a suscetibilidade ao estresse nas gerações subsequentes."[40] As grávidas que desenvolveram TEPT após o 11 de Setembro deram à luz filhos que não apenas tinham níveis de cortisol comprometidos, mas que também se perturbavam mais facilmente com estrondos e desconhecidos. Na Inglaterra, um estudo constatou que os problemas emocionais e comportamentais das crianças duplicavam quando suas mães ficavam ansiosas durante a gravidez.[41]

"O trauma tem o poder de ecoar do passado e fazer novas vítimas", escreveu o psiquiatra Dr. David Sack na *Psychology Today*. "Às vezes, filhos de genitores que sofrem de transtorno de estresse pós-traumático podem desenvolver seu próprio TEPT, chamado de TEPT secundário." Ele relata que cerca de 30% das crianças com pais que desenvolveram TEPT após servirem no Iraque ou no Afeganistão enfrentam sintomas semelhantes. "O trauma dos pais", afirmou, "passa a ser da própria criança, e os problemas comportamentais e emocionais [da criança] podem refletir os dos pais".[42] Filhos de progenitores traumatizados durante o genocídio cambojano, por exemplo, tendem a sofrer de depressão e ansiedade. Da mesma forma, filhos de veteranos australianos da Guerra do Vietnã têm taxas de suicídio mais altas do que a população em geral.[43]

Jovens nativos norte-americanos que vivem em reservas têm a taxa de suicídio mais elevada do hemisfério ocidental. Em algumas partes do país, a taxa é de dez a dezenove vezes maior do que a de outros jovens norte-americanos.[44] Albert Bender, historiador cherokee e advogado especializado em direitos dos povos indígenas, sugere que o "trauma intergeracional sentido por todos os povos nativos, mas particularmente pelos jovens indígenas, é o resultado da política histórica de genocídio exemplificada por massacres intermináveis, remoções forçadas e campanhas militares

Três Gerações de Herança Compartilhada: O Corpo Familiar   33

que continuaram até o final do século XIX, culminando no Massacre de Wounded Knee." Em sua opinião, o luto geracional incita esses suicídios. "De uma forma ou de outra, todas essas memórias ressoam nas mentes de nossos jovens", disse. Bender declarou que os jovens se enforcam com uma regularidade tão alta que "uma semana sem suicídio é considerada uma bênção para muitas reservas".[45]

O navajo LeManuel "Lee" Bitsoi, doutor e pesquisador associado na Universidade Harvard, corrobora a afirmação de Bender de que os jovens revivem o passado em seus sintomas. Ele acredita que, finalmente, a pesquisa epigenética está começando a fornecer evidências substanciais de que o trauma intergeracional é um fenômeno real.[46]

Assim como os filhos dos veteranos de guerra, dos sobreviventes do Holocausto, dos sobreviventes do genocídio cambojano e dos sobreviventes do ataque ao World Trade Center, os jovens nativos norte-americanos estão entre as mais novas vítimas do trauma transgeracional no mundo moderno. De forma preocupante, a lista está aumentando. A violência, a guerra e a opressão continuam a semear a revivência geracional, à medida que, sem saber, os sobreviventes transmitem o que vivenciaram às gerações posteriores.

Um bom exemplo: vários jovens nascidos após 1994 em Ruanda, muito novos para terem testemunhado as mortes sem sentido de aproximadamente 800 mil pessoas, experimentam os mesmos sintomas de estresse pós-traumático que as testemunhas sobreviventes dessa brutalidade. Os jovens ruandeses relatam ansiedade intensa e visões obsessivas similares aos horrores que ocorreram antes mesmo de nascerem.

"É um fenômeno esperado... tudo o que não é dito é transmitido", explicou o psiquiatra Naasson Munyandamutsa. Mesmo as crianças cujas famílias não sofreram com a violência são afetadas de forma semelhante pelo que o psiquiatra Rutakayile Bizoza chama de "contágio no inconsciente coletivo".[47]

Yehuda afirma que os filhos de mães com TEPT são três vezes mais propensos ao diagnóstico do transtorno do que as crianças em seus grupos de controle. Ela também descobriu que os filhos de sobreviventes com TEPT têm três a quatro vezes mais probabilidade de sofrer de depressão e ansiedade, ou de se envolver no abuso de substâncias.[48] Yehuda e sua equipe também distinguiram os sintomas de uma criança com base no fato de o transtorno ter sido transmitido pela mãe ou pelo pai.[49] O TEPT paterno aumenta a probabilidade de a criança se sentir "dissociada de suas memórias", enquanto o TEPT materno aumenta a probabilidade de a criança ter dificuldade para "se acalmar".[50]

Especificamente, Yehuda relata que a criança cujo pai teve TEPT é "mais propensa à depressão ou ao estresse crônico". O oposto parece se aplicar à criança cuja mãe apresentou o transtorno.[51] Yehuda observa que as mães sobreviventes do Holocausto temiam ser separadas de seus filhos, e que os filhos do Holocausto frequentemente reclamavam que suas mães eram apegadas demais a eles.[52]

Segundo Yehuda, as modificações epigenéticas induzidas pelo estresse que herdamos de nossos pais ocorrem antes da concepção e são transmitidas pelo esperma. Ela também acredita que essas mudanças podem ocorrer em nossas mães antes da concepção ou durante a gestação.[53] Yehuda salienta que, ao vivenciar um trauma, a idade da mãe é significativa para o que ela transmite aos filhos. Por exemplo, com base no fato de suas mães serem mais jovens ou mais adultas na época do Holocausto, os filhos de sobreviventes herdaram variações na enzima que converte o cortisol ativo em cortisol inativo.[54]

O TEPT vivido pelos avós também pode afetar as gerações seguintes. Assim como aconteceu com Gretchen, o trauma relacionado à guerra pode permanecer, acometendo os netos daqueles que sofreram o trauma original.

Os traumas, não apenas de guerra, mas de qualquer evento significativo o suficiente para abalar o equilíbrio emocional em nossa família — um crime, um suicídio, uma morte prematura, uma perda repentina ou inesperada —, podem provocar a revivência de sintomas traumáticos do passado. Nas palavras de Sack: "O trauma percorre toda a sociedade, bem como as gerações."[55]

Herança Epigenética

Apenas recentemente os cientistas começaram a compreender os processos biológicos que ocorrem quando o trauma é herdado. Para obter mais informações, os pesquisadores recorreram a estudos com animais. Como seres humanos e camundongos compartilham um blueprint genético surpreendentemente semelhante — 99% dos genes humanos são equivalentes aos dos camundongos —, esses estudos nos fornecem uma perspectiva dos efeitos do estresse herdado em nossas próprias vidas. Tal pesquisa é valiosa por outro motivo: como uma geração de camundongos dura cerca de doze semanas, estudos multigeracionais podem produzir resultados em um tempo relativamente curto. Um estudo similar realizado com humanos pode demorar até sessenta anos.

Alterações químicas no sangue, no cérebro, nos óvulos e nos espermatozoides de camundongos agora estão sendo associadas a padrões de comportamento, como ansiedade e depressão, nas gerações posteriores. Por exemplo, estudos realizados na prole demonstraram que traumas, como o estresse da separação materna, suscitaram mudanças na expressão gênica que podem ser rastreadas por três gerações.

Em um desses estudos, os pesquisadores permitiram que, durante as duas primeiras semanas de vida, as fêmeas cuidassem de seus filhotes por no máximo três horas por dia. Na vida adulta, a prole exibiu comportamentos semelhantes ao que chamamos de depressão em humanos. Os sintomas pareciam piorar à medida que os camundongos envelheciam. Surpreendentemente, alguns dos machos não manifestaram esses comportamentos, mas pareceram transmitir de forma epigenética as mudanças comportamentais para suas filhas. Além disso, os pesquisadores constataram alterações na metilação e na expressão gênica nos camundongos estressados. Entre os genes envolvidos estava o CRF2, que regula a ansiedade em camundongos e humanos. Eles também descobriram que as células germinativas — o óvulo precursor e as células espermáticas —, bem como os cérebros da prole, foram afetados pelo estresse proveniente da separação materna.[56] Em outro experimento com ratos, os filhotes que receberam baixos níveis de cuidados maternos eram mais ansiosos e mais reativos ao estresse na idade adulta do que aqueles que receberam altos níveis de cuidados maternos. Esse padrão de estresse foi observado em várias gerações.[57]

Todos sabem que bebês separados de suas mães podem enfrentar certos desafios como consequência. Em estudos com camundongos machos, filhotes que sofreram a separação materna exibiram aumentos constantes na suscetibilidade ao estresse e geraram descendentes com padrões de estresse semelhantes ao longo de várias gerações.[58, 59] Em um desses estudos, conduzido em 2014 no Brain Research Institute da Universidade de Zurique, os pesquisadores sujeitaram camundongos machos a períodos recorrentes e prolongados de estresse intenso, separando-os de suas mães. Mais tarde, os camundongos traumatizados manifestaram vários sintomas semelhantes aos da depressão. Então, os pesquisadores os acasalaram e constataram que os filhotes da segunda e da terceira geração tinham os mesmos sintomas do trauma, apesar de nunca o terem vivenciado.[60]

Ademais, os pesquisadores descobriram um número anormalmente elevado de microRNA — material genético que regula a expressão gênica — presente no esperma, no sangue e no hipocampo dos camundongos traumatizados. (O hipocampo é uma região do cérebro envolvida nas respostas ao estresse.) Níveis anormais de microRNA também foram encontrados no sangue e no hipocampo da segunda geração. Embora a terceira geração tenha expressado os mesmos sintomas de trauma que seus pais e avós, números elevados de microRNA não foram detectados, acarretando a suposição de que os efeitos comportamentais de um evento traumático podem se expressar por três gerações, mas talvez não além disso.[61]

"Com o desequilíbrio de microRNAs no esperma, descobrimos um fator-chave pelo qual o trauma pode ser transmitido", explica Isabelle Mansuy, coautora do estudo.[62] Atualmente, ela e sua equipe investigam o papel dos microRNAs na herança do trauma em humanos.

Em um estudo publicado em 2016, Mansuy e seus colegas demonstraram que os sintomas do trauma foram revertidos em camundongos que, na idade adulta, viveram em um ambiente benéfico e de baixo estresse. Além da melhora no comportamento, eles apresentaram mudanças na metilação do DNA, o que impediu que os sintomas fossem transmitidos para a gera-

Três Gerações de Herança Compartilhada: O Corpo Familiar   37

ção seguinte.[63] As implicações desse estudo são particularmente significativas. Nos capítulos posteriores, aprenderemos como criar imagens positivas e experiências enriquecedoras que podem ajudar a reverter padrões de estresse que afetam nossa família por várias gerações.

A pesquisa com camundongos se torna extremamente fascinante, pois, agora, a ciência é capaz de fundamentar como os desafios vividos em uma geração podem se tornar o legado transmitido à próxima. Em 2013, em um estudo realizado na Faculdade de Medicina da Universidade Emory com a prole de camundongos machos estressados, os pesquisadores descobriram que as memórias traumáticas podem ser passadas às gerações subsequentes por meio de mudanças epigenéticas que ocorrem no DNA. Os camundongos de uma geração foram condicionados a temer o aroma proveniente da acetofenona, semelhante ao da flor de cerejeira. Sempre que eram expostos ao cheiro, recebiam um choque elétrico. Depois de um tempo, os camundongos que sofreram os choques apresentaram uma quantidade maior de receptores olfativos associados a esse aroma específico, detectando-o em concentrações mais baixas, além de um aumento nas áreas cerebrais dedicadas a esses receptores. Os pesquisadores também identificaram alterações no esperma.

O aspecto mais intrigante do estudo foi o que se verificou nas duas gerações seguintes. Tanto os filhos quanto os netos, ao serem expostos ao odor, ficavam nervosos e o evitavam, embora nunca o tivessem sentido. Eles também exibiram as mesmas alterações cerebrais. Os camundongos pareceram herdar não apenas a sensibilidade ao cheiro, mas também a resposta de medo associada a ele.[64]

Brian Dias, um dos pesquisadores do estudo, sugere que "há algo no esperma que possibilita que essa informação seja herdada".[65] Ele e sua equipe verificaram uma metilação anormalmente baixa de DNA tanto no esperma do pai quanto no espermatozoide da prole.[66] Embora o mecanismo exato de como a experiência traumática do pai é armazenada no DNA ainda esteja sob investigação, Dias afirma: "Cabe aos ancestrais informar os descendentes de que um determinado ambiente é nocivo."[67]

Esse estudo específico fornece evidências convincentes para o que os pesquisadores chamam de "herança epigenética transgeracional", a noção de que os comportamentos podem passar de uma geração para outra. Ao trabalhar com famílias em minha clínica, costumo observar padrões recorrentes de doença, depressão, ansiedade, conflitos de relacionamento e dificuldades financeiras, e sempre me sinto compelido a investigar mais a fundo. Que acontecimento inexplorado em uma geração anterior impulsiona o comportamento do homem que perde todo o seu dinheiro em apostas ou da mulher que opta por ter relações íntimas apenas com homens casados? Como suas heranças genéticas foram influenciadas?

Dias e seu grupo esperam realizar mais trabalhos a fim de determinar se há efeitos semelhantes nos genes humanos. Até que os dados sejam examinados em estudos que abranjam várias gerações de seres humanos, a pesquisa atual com animais certamente exige uma ponderação sobre como nascemos com o estresse compartilhado por nossos pais e avós.

Em um estudo de 2013 publicado na *Biological Psychiatry*, Hiba Zaidan, Micah Leshem e Inna Gaisler-Salomon, pesquisadores da Universidade de Haifa, descobriram que mesmo o estresse relativamente moderado antes da concepção e da gravidez era significativo o suficiente para afetar a prole de camundongos. Aos 45 dias de idade, período equivalente à adolescência em humanos, vários deles foram expostos a um estresse mínimo, como mudanças de temperatura. Impressionantemente, os efeitos foram mensuráveis na geração seguinte.[68]

Ao focar o gene CRF1, que codifica uma molécula envolvida na resposta do corpo ao estresse, os pesquisadores detectaram quantidades elevadas do produto molecular desse gene no cérebro de fêmeas estressadas. Eles também verificaram concentrações significativamente altas desse mesmo produto molecular em seus óvulos e nos cérebros de sua prole, comprovando que as informações sobre a experiência do estresse foram transferidas nos óvulos. Os pesquisadores insistem que o comportamento alterado nos camundongos recém-nascidos não está relacionado ao tipo de cuidado que receberam de suas mães.[69] Esse estudo específico sugere que, mesmo que os humanos recebam apoio parental quando crianças, ainda são receptores do estresse vivenciado pelos pais antes da concepção. No próximo capítulo, ex-

Três Gerações de Herança Compartilhada: O Corpo Familiar   39

ploraremos como irmãos nascidos dos mesmos pais podem herdar traumas distintos e levar vidas opostas, apesar de terem uma criação semelhante.

Em um estudo de 2014 realizado com ratos na Universidade de Lethbridge, no Canadá, os pesquisadores avaliaram os efeitos do estresse em grávidas e sua influência em partos prematuros. Os resultados revelaram que mães estressadas deram à luz bebês prematuros e que suas filhas também tiveram gestações abreviadas. As netas tiveram gestações ainda mais curtas. O mais surpreendente foi o que ocorreu na terceira geração. As netas de avós estressadas tiveram gestações mais breves, mesmo quando suas mães não sofreram estresse.[70] Segundo Gerlinde Metz, autora sênior do artigo: "Uma descoberta impressionante foi que o estresse leve a moderado durante a gravidez teve um efeito cumulativo ao longo das gerações. Por conseguinte, os efeitos do estresse aumentaram a cada geração."[71] Metz acredita que as mudanças epigenéticas ocorrem devido a moléculas de microRNA não codificantes.[72] Essas descobertas podem repercutir em humanas que correm o risco de complicações na gravidez ou no parto, devido ao estresse.

Visto que uma geração humana é de aproximadamente vinte anos, os resultados de estudos abrangendo várias gerações de seres humanos ainda estão em andamento. No entanto, com as pesquisas que demonstram que o estresse pode ser transmitido por pelo menos três gerações de camundongos, os pesquisadores supõem que a prole de pais humanos que vivenciaram um evento traumático ou estressante provavelmente passariam o padrão não apenas para seus filhos, mas também para seus netos. Estranhamente, a Bíblia, em Números 14:18, parece corroborar as afirmações da ciência moderna — ou vice-versa — de que os pecados, as iniquidades ou as consequências (dependendo da tradução) dos pais podem afetar os filhos até a terceira e a quarta geração: "O Senhor é lento para a cólera e rico em bondade; ele perdoa a iniquidade e o pecado, mas não tem por inocente o culpado, e castiga a iniquidade dos pais nos filhos até a terceira e a quarta geração."

Conforme novas descobertas em epigenética forem reveladas, novas informações sobre como mitigar os efeitos transgeracionais do trauma podem se tornar um procedimento-padrão. Os pesquisadores estão descobrindo que pensamentos, imagens interiores e práticas diárias — a visualização e a meditação, por exemplo — são capazes de mudar a maneira como nossos genes se expressam, uma ideia que analisaremos com mais detalhes no próximo capítulo.

Capítulo 3

A Mente Familiar

Os pais comem uvas verdes, e os dentes dos filhos se embotam.

— Ezequiel 18:2

Em poucas palavras, recebemos aspectos maternais de nossa avó por meio de nossa mãe. Os traumas que nossa avó sofreu, suas dores e suas tristezas, suas dificuldades na infância ou com nosso avô, as perdas de entes queridos que morreram cedo — até certo ponto, tudo se infiltra na forma como ela criou nossa mãe. Se considerarmos a geração anterior, o mesmo provavelmente se aplica aos cuidados maternais que nossa avó recebeu.

Os detalhes dos eventos que moldaram suas vidas podem estar ocultos, mas seu impacto é profundamente sentido. Não é apenas o que herdamos de nossos pais, mas também sua criação que influencia o modo como cuidamos de nossos filhos, nos relacionamos com um parceiro e com nós mesmos. Para o bem ou para o mal, os pais tendem a passar adiante os cuidados parentais que eles próprios receberam.

Esses padrões parecem estar programados no cérebro, começando a se formar antes mesmo de nascermos. O vínculo materno no útero é fundamental para o desenvolvimento de nosso circuito neural. Nas palavras de Thomas Verny: "Desde o momento da concepção, a experiência no útero molda o cérebro e estabelece as bases para a personalidade, o temperamento emocional e o poder do pensamento superior."[1] Como se fossem um blueprint, esses padrões são mais transmitidos do que aprendidos.

Os primeiros nove meses após o nascimento são uma continuação do desenvolvimento neural que ocorre dentro do útero. Quais circuitos neurais permanecem, quais são descartados e como os remanescentes serão organizados dependem da vivência e da interação do bebê com a mãe ou o cuidador. É por meio dessas interações iniciais que a criança estabelece um blueprint para lidar com emoções, pensamentos e comportamentos.

Se uma mãe carrega um trauma hereditário ou experimentou uma ruptura no vínculo materno, isso pode afetar o elo terno que está se formando com seu filho, o qual tem maior probabilidade de ser quebrado. O impacto de uma ruptura precoce nesse vínculo — uma estada prolongada no hospital, férias inoportunas, uma separação de longo prazo — pode ser devastador para a criança. A familiaridade profunda e incorporada do olfato, da visão, do tato, da audição e do paladar da mãe — tudo o que a criança conhece e de que depende — desaparece subitamente.

"Mãe e filho vivem em um estado biológico que tem muito em comum com o vício", afirma Winifred Galagher, escritora de ciência do comportamento. "Quando se separam, o bebê não sente apenas falta da mãe. Ele experimenta uma privação física e psicológica... não muito diferente da situação de um adicto em heroína que entra em abstinência."[2] Essa analogia ajuda a explicar por que todos os mamíferos recém-nascidos, incluindo humanos, protestam com tanto vigor quando são separados de suas mães. Do ponto de vista do bebê, a separação materna pode ser sentida como "uma ameaça à vida", diz a Dra. Raylene Phillips, neonatologista do Hospital Infantil da Universidade de Loma Linda. "Se a separação se prolongar", explica, "a reação é desesperança. O bebê desiste".[3] O Dr. Nils Bergman e outros especialistas em neurociência do vínculo entre mãe e bebê compartilham do mesmo entendimento.

Durante a infância, conheci esse sentimento de desistência, proveniente da minha família. O que minha mãe não recebeu de minha avó afetou aquilo que foi capaz de dar a mim e aos meus irmãos. Embora eu sempre tenha sentido seu amor transparecer, grande parte de sua maternidade estava impregnada de traumas familiares — especificamente o fato de que sua mãe, Ida, perdeu os pais aos 2 anos de idade.

Minha tradição familiar é a seguinte: quando minha bisavó Sora morreu de pneumonia em 1904, seus pais culparam o marido, Andrew, a quem descreveram como imprestável e jogador compulsivo. Segundo os relatos, Sora ficou doente por se inclinar na janela em pleno inverno, implorando para que ele voltasse. Disseram para minha avó Ida que seu pai havia "apostado o dinheiro do aluguel", uma frase que ecoou por gerações. Após a morte de Sora, meu bisavô Andrew foi banido da família e nunca mais se ouviu falar dele. Mesmo criança, senti a amargura de minha avó quando contava a história — o que fez várias vezes — e fiquei triste por ela nunca ter conhecido o pai.

Órfã aos 2 anos, minha avó foi criada por seus avós, que ganhavam a vida vendendo roupas que eles mesmo costuravam em um carrinho de mão no Hill District, em Pittsburgh. Ela os idolatrava e costumava se alegrar ao compartilhar lembranças sobre o quanto a amavam. Porém, essa era apenas parte da história — a parte da qual conseguia se lembrar conscientemente. Uma história mais profunda permanecia nos recônditos de sua mente.

Antes da infância, talvez ainda no útero, Ida absorveu as sensações da angústia materna provocadas pelas constantes discussões, lágrimas e decepções. Tudo isso teve um efeito profundo no importante desenvolvimento neural de seu cérebro. Depois, a perda da mãe aos 2 anos a abalou emocionalmente.

Não é apenas o fato de minha mãe ter sido criada por uma órfã que não pôde lhe dar os cuidados que nunca recebeu de sua própria mãe; ela também herdou o trauma visceral da separação materna que Ida sofreu em uma idade precoce. Embora minha avó estivesse fisicamente presente em sua vida, ela foi incapaz de expressar a profundidade de sentimento que apoiaria o desenvolvimento da filha. Essa conexão emocional perdida também se tornou parte da herança de minha mãe.

A história do meu avô materno foi igualmente aflitiva. Sua mãe, Rachel, faleceu em um parto quando ele, Harry, tinha apenas 5 anos. Seu pai, Samuel, acreditando ser o responsável, visto que a engravidara, carregou um fardo pesado de culpa. Samuel logo se casou novamente com uma mulher que, segundo contam, se importava mais com o filho biológico do que com Harry, a quem tratava com uma indiferença que beirava a crueldade. Meu avô raramente falava sobre sua infância. O que sei foi contado por minha mãe, que narrava histórias de como ele quase morreu de fome quando jovem. Precisou pegar restos de comida do lixo e comer folhas de dente-de-leão apenas para sobreviver. Quando menino, eu imaginava meu avô sentado no meio-fio sozinho, mordendo um pedaço de pão amanhecido ou arrancando a carne estragada de um osso de galinha.

Como meu avô e minha avó perderam a mãe na infância, sem saber, eles transmitiram o legado do trauma. Em nossa família, o vínculo entre mãe e filho foi rompido por pelo menos três gerações. Se essas rupturas não tivessem acontecido antes do nascimento de minha mãe, meus irmãos e eu poderíamos ter recebido um tipo diferente de cuidado materno. No entanto, já que ocorreram, a necessidade do amor que seus pais não podiam oferecer muitas vezes a deixava ansiosa e sobrecarregada.

A fim de encerrar o ciclo do trauma hereditário em minha família e, por fim, me curar, percebi que precisava restaurar o relacionamento com minha mãe. Eu sabia que não poderia mudar o passado, mas certamente conseguiria melhorar nossa relação.

Minha mãe, assim como eu, herdou os padrões de estresse da minha avó. Ela costumava colocar a mão sobre o peito e reclamar da sensação de agitação em seu corpo. Percebo agora que estava inconscientemente revivendo o medo e a solidão que percorriam nossa família, o terror de estar separada da pessoa de quem mais precisava — sua mãe. Aos 5 ou 6 anos, sentia-me tão apavorado quando minha mãe saía que eu entrava em seu quarto, abria a gaveta de camisolas e lenços e enfiava o rosto neles para sentir o cheiro dela. Lembro-me vividamente da sensação — de que nunca mais a veria, de que seu perfume seria tudo o que me restaria. Quando adulto, compartilhei essas memórias com ela, e acabei descobrindo que meu comportamento não era novidade — quando minha avó saía, minha mãe também enfiava o rosto nas roupas dela.

Como demonstrado pela minha história, as rupturas precoces no vínculo entre mãe e filho podem se originar muito antes da concepção. Os efeitos permanecem em nosso inconsciente e em nosso corpo como memórias somáticas que são desencadeadas por acontecimentos que evocam rejeição ou abandono.

Quando isso acontece, ficamos totalmente dessincronizados de nós mesmos. Os pensamentos podem se tornar avassaladores, e é possível que nos sintamos sobrecarregados — até mesmo aterrorizados — pelas sensações que inundam nosso corpo. Como o trauma existe há muito tempo, é comum que permaneça oculto, distante da consciência. Sabemos que há um problema, mas não conseguimos identificar exatamente "o que aconteceu". Em vez disso, presumimos que somos o problema, que "falta" algo dentro de nós. Movidos pelo medo e pela ansiedade, tentamos controlar nosso ambiente para nos sentirmos seguros. Isso ocorre porque tínhamos pouquíssimo controle na infância e provavelmente não havia um lugar seguro para as emoções intensas que experimentamos. Se o padrão não for alterado de forma consciente, os danos no vínculo podem ecoar por gerações.

A Consciência Familiar

Em muitos de seus livros, Bert Hellinger, renomado psicoterapeuta alemão, aborda a noção de que herdamos e "revivemos" aspectos do trauma familiar. Por mais de cinquenta anos, primeiro como padre católico e depois como terapeuta familiar e filósofo, as famílias têm sido seu foco de estudo, o que lhe possibilita assegurar que compartilhamos uma consciência familiar com os parentes biológicos que nasceram antes de nós. Hellinger observou que eventos traumáticos — como a morte prematura de um dos pais, um irmão ou um filho; ou abandono, crime ou suicídio — podem exercer uma forte influência sobre nós, marcando todo o sistema familiar por gerações. Essas marcas tornam-se o blueprint da família, à medida que seus membros repetem os sofrimentos do passado de forma inconsciente.

A repetição do trauma nem sempre é uma réplica exata do evento original. Por exemplo, se em uma família há alguém que cometeu um crime, um parente da geração posterior pode expiá-lo sem perceber. Certa vez, um homem chamado John veio me ver pouco depois de sair da prisão. Ele cumprira três anos por apropriação indébita — um crime que alegou não ter cometido. No julgamento, declarou-se inocente, mas, devido às evidências contra ele — uma acusação falsa feita pelo ex-sócio

—, seu advogado o aconselhou a aceitar um acordo. No momento em que entrou em meu consultório, John parecia agitado. Sua mandíbula estava cerrada e ele jogou o casaco sobre a cadeira. Revelou que fora incriminado e agora estava obcecado por vingança. Ao discutirmos sua situação familiar, veio à tona que, uma geração antes, na década de 1960, seu pai fora acusado de assassinar o sócio, mas havia sido absolvido por uma tecnicalidade. Todos na família sabiam que ele era culpado, mas nunca falaram sobre isso. Dada minha experiência com traumas familiares herdados, não foi nenhuma surpresa descobrir que John tinha a mesma idade do pai quando foi julgado. A justiça finalmente foi feita, mas a pessoa errada pagou o preço.

Hellinger acredita que o mecanismo por trás dessas repetições é a lealdade inconsciente, a responsável por muito do sofrimento nas famílias. Incapazes de reconhecer a origem de seus sintomas em uma geração anterior, as pessoas costumam presumir que seus problemas provêm da sua própria experiência de vida e não conseguem encontrar uma solução. Segundo Hellinger, todos têm o mesmo direito de pertencer a um sistema familiar e ninguém pode ser excluído por qualquer que seja o motivo. Isso inclui o avô alcoolista que arruinou nossa avó, o irmão natimorto que partiu o coração de nossa mãe e até mesmo o filho do vizinho que nosso pai matou acidentalmente ao sair da garagem. O tio criminoso, a meia-irmã mais velha de nossa mãe, o bebê que abortamos — todos pertencem à nossa família. E a lista continua.

Mesmo aqueles que geralmente não incluiríamos em nosso sistema familiar devem ser considerados. Se alguém prejudicou, assassinou ou se aproveitou de um parente, essa pessoa deve ser incluída. Da mesma forma, se um membro da família prejudicou, assassinou ou se aproveitou de alguém, essa vítima também precisa ser incluída em nosso sistema familiar.

Ex-cônjuges de parentes também precisam ser considerados. Quando morrem, vão embora ou são deixados, criam uma abertura que possibilita a entrada de nossos pais e avós no sistema e, assim, o nosso nascimento.

Hellinger observou que, quando uma pessoa é rejeitada ou excluída do sistema familiar, ela pode ser representada por um membro posterior do sistema. Este pode compartilhar ou repetir o destino do excluído ao se comportar de maneira semelhante ou reproduzir algum aspecto de seu sofrimento. Se, por exemplo, seu avô for rejeitado na família por causa do álcool, da jogatina e da infidelidade, é possível que um ou mais desses comportamentos sejam adotados por algum de seus descendentes. Dessa forma, o sofrimento familiar se mantém nas gerações subsequentes.

Na família de John, o homem assassinado por seu pai agora fazia parte do sistema familiar. Quando foi incriminado pelo sócio, cumpriu pena na prisão e teve pensamentos homicidas de vingança, ele estava inconscientemente revivendo aspectos da experiência paterna que ocorrera há quarenta anos. Ao relacionar a sua própria experiência com a de seu pai, John finalmente se libertou dos pensamentos obsessivos e pôde seguir em frente. Dois destinos haviam sido concatenados, como se ambos compartilhassem a mesma sina. Enquanto essa conexão estava oculta, a liberdade emocional de John permanecia limitada.

Hellinger enfatiza que cada um de nós deve carregar seu próprio destino, independentemente da gravidade. Ninguém pode tentar assumir o destino de um pai, avô, irmão, tio ou tia sem que haja algum tipo de sofrimento, o qual Hellinger denomina "emaranhamento". Ao nos emaranharmos, inconscientemente carregamos as dificuldades, os sentimentos, os sintomas ou os comportamentos de um membro anterior do sistema familiar como se fossem nossos.

Inclusive, irmãos que têm os mesmos pais, crescem no mesmo lar e recebem uma educação semelhante provavelmente herdarão traumas distintos e terão destinos diferentes. Por exemplo, é possível que o primogênito carregue as pendências do pai, e a primogênita, as da mãe, embora nem sempre seja esse o caso. O inverso também pode ser verdadeiro. As crianças da família tendem a carregar diferentes aspectos dos traumas de seus pais ou elementos dos traumas dos avós.

Por exemplo, a primeira filha pode se casar com um homem controlador e fechado — semelhante à forma como vê o pai —, compartilhando essa dinâmica com a mãe. Ao se casar com um homem assim, repete as experiências maternas e vivencia o mesmo descontentamento. A segunda filha, por sua vez, pode carregar a raiva reprimida da mãe. Desse modo, ela é afetada pelo mesmo trauma, mas carrega um aspecto diferente. A segunda filha pode rejeitar o pai, enquanto a primeira não.

É comum que as crianças carreguem os traumas não resolvidos dos avós. Na mesma família, a terceira ou a quarta filha podem nunca se casar, temendo ser controlada por um homem que ela não ama.

Certa vez, trabalhei com uma família libanesa que compartilhava uma dinâmica semelhante. Ao analisar outra geração, descobrimos que os pais de ambas as avós libanesas obrigaram que se casassem ainda crianças — uma aos 9 anos e a outra aos 12. Conectadas à experiência de suas progenitoras, duas das irmãs libanesas repetiram aspectos desse destino em seus relacionamentos. Assim como as avós, uma se casou com um homem muito mais velho. A outra nunca se casou, alegando que os homens eram repulsivos e controladores — semelhante à forma como sua infeliz avó paterna deve ter se sentido ao se ver presa em um casamento sem amor.

Quanto ao rompimento do vínculo entre mãe e filho, cada irmão pode expressar essa desconexão de maneira diferente. Um pode querer agradar, temendo que, se for antipático ou causar problemas, perderá a conexão com as pessoas. O outro, crente de que o vínculo nunca lhe pertenceu, pode se tornar irascível e gerar conflito para afastar as pessoas próximas. O terceiro pode se isolar e ter pouco contato com as pessoas.

Percebi que, se vários irmãos rompem o vínculo com a mãe, eles costumam expressar raiva ou ciúme, ou se sentir desconectados um do outro. Por exemplo, o filho mais velho pode ficar ressentido com o mais novo ao reparar que o irmão recebe o amor que ele não teve. Como o hipocampo — a parte do cérebro envolvida na criação de memórias — só se torna plenamente operacional após os 2 anos de idade, o filho mais velho pode não se lembrar conscientemente de ter sido abraçado, alimentado ou acariciado pela mãe, mas se lembra do mais novo recebendo o amor materno. Em resposta, o mais velho, sentindo-se desprezado, pode inconscientemente culpar o mais novo por receber o que ele não teve.

Evidentemente, há algumas crianças que parecem não carregar traumas familiares. Para elas, é bem possível que um vínculo bem-sucedido tenha sido estabelecido com a mãe e/ou o pai, o que ajudou a imunizá-las dos emaranhamentos do passado. Talvez tenha existido um intervalo de tempo em que a mãe conseguiu dar mais a um filho específico do que aos outros. Talvez o relacionamento dos pais tenha melhorado. Talvez a mãe tenha tido uma conexão especial com um filho, mas não conseguiu se conectar profundamente com os outros. Os filhos mais novos, frequentemente, embora nem sempre, parecem se sair um pouco melhor do que os primeiros, ou os filhos únicos, que carregam uma parte maior das pendências da história familiar.

Em relação a irmãos e traumas familiares herdados, não existem regras de como cada filho é afetado. Além da ordem de nascimento e do gênero, muitas variáveis podem influenciar as escolhas que os irmãos fazem e a vida que levam. Embora possa parecer que um dos filhos não foi acometido pelo trauma, enquanto o outro está sobrecarregado, minha experiência clínica me proporciona uma perspectiva diferente: a maioria carrega pelo menos algum vestígio de história familiar. No entanto, muitos fatores intangíveis entram na equação e podem influenciar o quão profundamente arraigados os traumas familiares permanecem. Esses fatores intangíveis incluem a autoconsciência, a capacidade de se acalmar e o poderoso processo de cura interna.

As Imagens de Cura e o Nosso Cérebro

A ideia de que revivemos traumas familiares pode muito bem ser o cerne da alusão que o psiquiatra Norman Doidge faz em seu livro inovador *O Cérebro que Se Transforma*: "A psicanálise frequentemente diz respeito a transformar nossos fantasmas em ancestrais." Ao identificar a fonte de nossos traumas geracionais, o Dr. Doidge sugere que os fantasmas "deixam de nos assombrar e se tornam simplesmente parte de nossa história".[4]

Um modo fundamental de atingir esse objetivo é permitir que uma experiência ou imagem forte o suficiente nos abale a ponto de ofuscar as antigas emoções e sensações traumáticas que habitam nosso interior. Nossa mente tem uma grande capacidade de se curar por meio de imagens. Quer estejamos imaginando uma cena de perdão, conforto ou desapego, ou apenas visualizando um ente querido, as imagens podem se fixar profundamente em nosso corpo e penetrar nossa mente. Em meu trabalho, constatei que o alicerce da cura é ajudar as pessoas a desenterrarem a imagem com a qual mais se identificam.

A noção do poder de cura das imagens era válida muito antes que as tomografias pudessem prová-la. Há mais de cem anos, o poeta William Butler Yeats escreveu que "a sabedoria se manifesta por meio de imagens" e que, se nos permitirmos ser guiados por nossa imagem interna, nossas almas se tornarão "simples como a chama" e nossos corpos ficarão "serenos como uma lâmpada de ágata". Em 1913, Carl Jung cunhou o termo *imaginação ativa*, uma técnica que usa imagens (geralmente de um sonho) para estabelecer um diálogo com a mente inconsciente, trazendo à luz o que está envolto em trevas. Nos últimos tempos, a ideia da visualização de cura ganhou força, e com ela surgiram programas de imaginação guiada para diminuir o estresse, reduzir a ansiedade, aumentar o desempenho atlético e aliviar fobias e medos específicos.

A ciência corrobora essa ideia. Doidge revolucionou nossa compreensão de como o cérebro humano funciona, identificando uma mudança de paradigma: deixar de considerá-lo fixo e imutável e passar a considerá-lo flexível e mutável. Seu trabalho demonstra como novas experiências podem criar outras vias neurais, que são fortalecidas por meio da repetição e aprofundadas por meio da atenção focada. Em essência, quanto mais praticamos algo, mais treinamos nosso cérebro para mudar.

Esse princípio elementar é refletido em uma frase que resume o trabalho do neuropsicólogo canadense Donald Hebb apresentado em 1949: "Neurônios que disparam juntos se conectam juntos." Essencialmente, quando as células cerebrais se ativam juntas, a conexão entre elas se fortalece. Em suma, cada vez que repetimos uma experiência específica, mais ela se enraíza. Com repetição suficiente, essa experiência pode se tornar automática.

Ao aplicar o princípio de Hebb, nos beneficiaremos mais se praticarmos uma nova experiência que consideramos positiva, gratificante ou significativa — uma que desperte nosso senso de curiosidade e admiração. Pode ser uma experiência que envolva receber conforto ou apoio, ou sentir compaixão ou gratidão — qualquer coisa que nos permita experienciar força ou paz interior.

Ao revisitarmos reiteradamente as sensações e os sentimentos associados a essa nova experiência, além da conexão das estruturas cerebrais, ocorre a liberação de neurotransmissores do bem-estar, como serotonina e dopamina, ou de hormônios da felicidade, como a ocitocina. Até a forma como nossos genes se expressam pode ser afetada; os próprios genes envolvidos na resposta do corpo ao estresse podem começar a funcionar de maneira aprimorada.

Em um nível neurofisiológico, cada vez que praticamos a experiência benéfica, o engajamento é transferido do centro de resposta ao trauma para outras áreas cerebrais, especificamente para o nosso córtex pré-frontal, onde podemos integrar a nova experiência e possibilitar a mudança neuroplástica.

De acordo com Doidge, o neurocientista Michael Merzenich, líder na área da neuroplasticidade, afirma que "praticar uma nova habilidade, sob condições corretas, pode mudar centenas de milhões, e possivelmente bilhões, de conexões entre as células nervosas em nossos mapas cerebrais".[5] Assim que um novo mapa cerebral é estabelecido, novos pensamentos, sentimentos e comportamentos podem surgir organicamente, expandindo nosso repertório quando velhos medos surgem.

Ao fazermos a ligação com os aspectos subjacentes de nossos medos e sintomas, adquirimos novas possibilidades de resolução. Às vezes, a nova compreensão, por si só, é suficiente para alterar as antigas imagens dolorosas que mantemos e iniciar uma liberação visceral que pode ser sentida no âmago do nosso corpo. Em outros casos, fazer a ligação apenas aumenta a compreensão, o que exige ferramentas adicionais para integrar totalmente o que aprendemos. Precisaremos de frases, rituais, práticas ou exercícios que auxiliem na criação de uma nova imagem interior, que deve nos preencher com um reservatório de calma e se tornar um ponto de referência pacífico ao qual podemos recorrer continuamente. Com novos pensamentos, novos sentimentos, novas sensações e um novo mapa cerebral enraizados, começamos a estabelecer uma experiência interior de bem-estar que rivaliza com as antigas reações traumáticas e seu poder de nos desviar do caminho.

Quanto mais percorremos as vias neurais e viscerais de nosso novo mapa cerebral, mais nos identificamos com os bons sentimentos que o acompanham. Com o tempo, os bons sentimentos se tornam familiares e começamos a confiar em nossa capacidade de retornar ao terreno sólido, mesmo quando nossos alicerces foram temporariamente abalados.

Doidge menciona que podemos mudar nossos cérebros apenas pela imaginação. Se apenas fecharmos os olhos e visualizarmos uma atividade, nosso córtex visual primário se ilumina, exatamente como se estivéssemos realizando a ação. Tomografias demonstram que, independentemente de estarmos imaginando um evento ou de fato vivenciando-o, as mesmas regiões do cérebro e os mesmos neurônios são ativados.[6] Doidge descreve a visualização como um processo que usa imaginação e memória. Ele afirma que "recordar, visualizar ou imaginar experiências agradáveis ativa muitos dos mesmos circuitos sensoriais, motores, emocionais e cognitivos que foram disparados durante a 'real' experiência agradável".[7]

"A imaginação é o início da criação", escreveu o dramaturgo George Bernard Shaw em 1921. Muito antes de a neuroplasticidade ser considerada uma possibilidade, Shaw apresentou o princípio: realizamos aquilo que imaginamos.

As Imagens de Cura e os Nossos Genes

Segundo Doidge: "A mudança plástica, causada por nossa experiência, viaja fundo no cérebro e chega até nossos genes, moldando-os também."[8] Em seu livro best-seller *The Genie in Your Genes*, que analisa a pesquisa sobre a ligação entre as emoções e a expressão gênica, o Dr. Dawson Church descreve como a visualização, a meditação e o foco em pensamentos, orações e sentimentos positivos — que denomina intervenções epigenéticas internas — podem ativar genes e beneficiar nossa saúde. "Preencher nossas mentes com imagens positivas de bem-estar", afirma, "pode produzir um ambiente epigenético que reforça o processo de cura".[9]

Uma quantidade considerável de pesquisas tem demonstrado como a meditação afeta positivamente a expressão gênica. Um estudo da Universidade de Wisconsin–Madison, publicado na *Psychoneuroendocrinology* em 2013, revelou que apenas oito horas de meditação foram suficientes para provocar evidentes mudanças genéticas e moleculares, incluindo níveis reduzidos de genes pró-inflamatórios, que capacitariam os meditadores a se recuperar fisicamente de situações estressantes com mais rapidez.[10] Church diz que, ao meditar, "estimulamos as partes cerebrais que produzem felicidade".[11]

Ao longo de nossas vidas, continuamente geramos novas células cerebrais. Muito desse novo crescimento ocorre no hipocampo. "Quando aprendemos, alteramos os genes que são 'expressos' ou ativados em nossos neurônios", afirma Doidge. "Quando é ativado, um gene produz uma nova proteína que altera a estrutura e a função da célula." Esse processo, explica, é influenciado pelo que fazemos e pensamos. "Podemos modelar nossos genes, que, por sua vez, modelam a anatomia microscópica de nosso cérebro."[12]

Segundo Rachel Yehuda: "Não somos capazes de modificar nosso DNA, mas podemos mudar a forma como nosso DNA funciona, o que é praticamente a mesma coisa."[13]

Como constatamos, uma vida totalmente desprovida de traumas é bastante improvável. Eles não descansam, nem mesmo com a morte; pelo contrário, continuam a buscar um terreno propício para a resolução nas gerações seguintes. Felizmente, os seres humanos são resilientes e capazes de curar a maioria dos traumas, o que pode acontecer a qualquer momento de nossas vidas. Precisamos apenas dos insights e das ferramentas certas. Mais adiante, compartilharei as práticas que foram essenciais no trabalho com meus pacientes, a fim de proporcionar, em primeira mão, a experiência de cura dos traumas que podem integrar sua herança familiar.

Capítulo 4

A Abordagem da Linguagem Central

Para ser ouvido, o inconsciente insiste, repete e quase arromba a porta.

— Annie Rogers, *The Unsayable*

Quando fragmentos de traumas passados se manifestam em nosso interior, deixam vestígios por meio de palavras e frases emocionalmente carregadas que, muitas vezes, nos fazem retornar a traumas não resolvidos. Como observamos, talvez eles nem nos pertençam. Eu chamo as expressões verbais desses traumas de *linguagem central*. Ela também pode ser expressa de maneiras não verbais, como sensações físicas, comportamentos, emoções, impulsos e até mesmo sintomas de uma doença. A linguagem central de Jesse incluía acordar às 3h30, tremendo sem saber o motivo e com medo de adormecer. A de Gretchen incluía depressão, desespero, ansiedade e o desejo de se "vaporizar". Ambos carregavam peças do quebra-cabeça que os ligava a algo pendente em sua história familiar.

Todos nós conhecemos a história de João e Maria, que adentram a floresta sombria. Preocupado que nunca encontrariam o caminho para casa, o menino deixa um rastro de migalhas de pão a fim de garantir seu retorno seguro. É uma analogia apropriada: nas profundezas da floresta de nossos medos ou na inquietação de nos perdermos, deixamos um rastro para achar o caminho. Porém, em vez de migalhas de pão, usamos palavras que têm o poder de nos redirecionar. Elas podem parecer aleatórias, mas, na verdade, consistem em pistas do nosso inconsciente. Se forem reunidas e conectadas, estabelecem um caminho que auxilia a maior compreensão de nós mesmos.

Assim como as crianças do conto de fadas, adentramos tanto a floresta de nossos medos que nem sequer conseguimos lembrar o caminho de volta para casa. Em vez de seguir a trilha das palavras, podemos acabar recorrendo a medicamentos, consolando-nos com comida, cigarros, sexo ou álcool, ou nos distraindo com atividades mecânicas. Por experiência própria, sabemos que esses caminhos sempre terminam em um beco sem saída — nunca nos levam aonde precisamos ir.

Não percebemos que as migalhas da nossa linguagem central estão ao nosso redor. Elas habitam as palavras expressas e as tácitas; vivem nas palavras que disparam em nossa mente como o despertador de um relógio. Porém, em vez de segui-las para ver aonde nos levam, ficamos paralisados pelo transe que provocam dentro de nós.

Memória Inconsciente

Compreender como as memórias traumáticas são armazenadas pode esclarecer o que acontece com nossas palavras quando estamos sobrecarregados. A memória de longo prazo costuma ser dividida em duas categorias principais: explícita ou implícita. A primeira, também chamada de memória declarativa, é a capacidade de recordar conscientemente fatos ou eventos. Esse tipo de memória depende da linguagem para organizar, categorizar e armazenar informações e experiências que se tornarão memórias recuperáveis. É como um livro que retiramos da estante quando precisamos consultar uma história do passado. Ao colocar os acontecimentos em palavras, podemos relembrá-los como parte de nossa história.

A segunda, também denominada não declarativa, atua sem uma rememoração consciente. A memória implícita possibilita a recuperação automática do que já aprendemos, não exigindo que refaçamos os passos. Por exemplo, quando andamos de bicicleta, não pensamos na sequência de movimentos necessários para fazê-la avançar. Essa memória está tão arraigada que simplesmente subimos e pedalamos sem dividir o processo em etapas. Esse tipo de memória nem sempre é fácil de descrever.

Geralmente, as experiências traumáticas são armazenadas como memória implícita. Quando um evento é tão devastador que nos deixa sem palavras, não conseguimos registrar ou "declarar" com precisão a memória em formato de história, pois isso requer linguagem. É como se uma inundação repentina entrasse por todas as portas e janelas da nossa casa. Em uma situação de perigo, não temos tempo suficiente para colocar a experiência em palavras. Apenas saímos da casa. Sem palavras, perdemos o acesso total à memória do acontecimento. Os fragmentos da experiência permanecem inominados e desaparecem de vista. Perdidos e não declarados, tornam-se parte de nosso inconsciente.

Além das memórias traumáticas, o amplo reservatório de nosso inconsciente contém as experiências traumáticas não resolvidas de nossos ancestrais. Nesse inconsciente compartilhado, revivemos fragmentos da memória de um antepassado, declarando-os como se fossem nossos.

Embora os estudos com camundongos forneçam algumas evidências de como os traumas passam de uma geração para a outra, o mecanismo exato de como essa transferência ocorre em seres humanos ainda não foi totalmente compreendido. Mesmo assim, apesar de não termos certeza de como as pendências de um ancestral se enraízam dentro de nós, adquirir a consciência de uma ligação parece trazer alívio.

Linguagem Não Declarada: A Falta de Palavras

Existem dois momentos importantes em que não conseguimos usar palavras para descrever nossa experiência. O primeiro é antes dos 2 ou 3 anos de idade, quando os centros de linguagem do nosso cérebro ainda não atingiram a plena maturidade. O segundo ocorre durante um episódio traumático, quando nossas funções de memória são reprimidas, nos incapacitando de processar as informações com precisão.

Sempre que a função da memória é inibida, a informação emocionalmente significativa desvia do lobo frontal, não sendo nomeada ou ordenada por meio de palavras ou linguagem, como descreve Bessel van der Kolk. Sem a linguagem, muitas vezes as experiências permanecem "não declaradas" e têm maior probabilidade de serem armazenadas como fragmentos de memória, sensações corporais, imagens e emoções. A linguagem possibilita a transformação das experiências em histórias. Assim que a história é elaborada, adquirimos uma capacidade maior de revisitar uma experiência — até mesmo um trauma — sem reviver todo o turbilhão associado a ela.

Ainda que seja um dos primeiros aspectos a desaparecer quando estamos sobrecarregados, a linguagem nunca se perde. Ela percorre nosso inconsciente e surge inesperadamente, recusando-se a ser ignorada. Nas palavras da psicóloga Annie Rogers: "Para ser ouvido, o inconsciente insiste, repete e quase arromba a porta. A única maneira de escutá-lo, de convidá-lo a entrar, é parar de tentar impor um significado — principalmente na forma de nossas próprias ideias — e, em vez disso, ouvir o indizível, que está em toda parte, na fala, nas encenações, nos sonhos e no corpo."[1]

Linguagem Central e Recuperação de Memória

As experiências tácitas que habitam nosso inconsciente estão à nossa volta. Elas aparecem na linguagem peculiar; se manifestam nos sintomas crônicos e nos comportamentos inexplicáveis; e ressurgem nas dificuldades recorrentes que enfrentamos. Essas experiências tácitas formam a base de nossa linguagem central. Ela é o que escutamos quando o inconsciente arromba a porta para ser ouvido.

As palavras emocionalmente carregadas de nossa linguagem central são as chaves para as memórias implícitas que habitam nosso corpo e o "organismo" de nosso sistema familiar. Elas são como pedras preciosas esperando para serem escavadas no inconsciente. Se deixarmos de reconhecê-las como manifestações, perderemos indícios importantes que podem desvendar o mistério por trás das dificuldades. Ao desenterrá-las, damos um passo essencial em direção à cura do trauma.

A linguagem central nos ajuda a "declarar" as memórias "não declaradas", possibilitando a reunião de eventos e experiências que não foram integrados ou mesmo lembrados. Quando um número suficiente desses elementos se junta em nossa consciência, começamos a formar uma história que aprofunda a compreensão do que pode ter acontecido conosco ou com nossos familiares. Passamos a entender memórias, emoções e sensações que nos assombraram por toda a vida. Assim que identificamos sua origem no passado, no nosso trauma ou no trauma familiar, deixamos de vivê-las como se pertencessem ao presente. E, embora nem todo medo, ansiedade ou pensamento repetitivo possa ser explicado por um evento traumático na família, certas experiências são mais bem compreendidas quando deciframos nossa linguagem central.

Como Reconhecer a Linguagem Central

A nossa linguagem central consiste nas palavras intensas ou urgentes que usamos para descrever nossos medos mais profundos. Também é possível reconhecê-la em nossas reclamações sobre relacionamentos, saúde, trabalho e outras situações de vida. A linguagem central se revela até mesmo na maneira como nos desconectamos de nosso corpo e de nossa essência. Basicamente, ela se manifesta nas consequências de um trauma ocorrido em nossa infância ou história familiar.

A linguagem é atípica, pois pode se descontextualizar do que conhecemos ou vivenciamos. A central pode emanar externamente ao mesmo tempo que a experimentamos dentro de nós. Gretchen, ao compreender o que estava por trás das palavras *vaporizar* e *incinerar*, relatou: "Esses sentimentos habitavam meu ser, mas não se originavam dele." Assim que essa linguagem idiossincrática é exposta, sua intensidade e sua influência sobre nós começam a perder força.

O Mapa da Linguagem Central

Nos próximos capítulos, apresentarei ferramentas que ajudam a ligar os pontos entre emoções até então inexplicáveis e eventos do passado. Cada ferramenta contém uma série de perguntas destinadas a evidenciar uma experiência ou sentimento interior que provavelmente nunca foi nomeado ou trazido à consciência. Quando informações suficientes são recuperadas, um mapa começa a surgir — o do inconsciente. Ele é chamado de mapa da linguagem central e pode ser traçado no papel. As palavras que escrevermos determinarão nossa direção. Todo mundo tem um mapa da linguagem central e cada um deles é único.

Nosso mapa da linguagem central provavelmente foi formado muito antes de nascermos. Pode ter pertencido ao nosso pai ou à nossa avó, consistindo em algo que apenas carregamos. Talvez eles também tenham sido só os portadores desse mapa para um antepassado. Alguns mapas são criados durante o período da infância em que ainda não aprendemos a falar. Seja qual for a maneira como o recebemos, agora temos a oportunidade de relacioná-lo à sua origem.

Traumas não resolvidos de nossa história familiar se difundem nas gerações subsequentes, misturando-se a nossas emoções, reações e escolhas de maneiras que nunca cogitamos questionar. Presumimos que essas experiências se originam de nós. Com sua verdadeira fonte oculta, muitas vezes não conseguimos diferenciar o que nos pertence do que não nos pertence.

Ao percorrer nosso mapa da linguagem central, podemos nos deparar com parentes que vivem como fantasmas, invisíveis e ignorados. Alguns estão enterrados há muito tempo; outros foram rejeitados ou esquecidos. Alguns vivenciaram infortúnios tão traumáticos que é muito doloroso pensar no que devem ter sofrido. Assim que os encontramos, eles são libertados, e nós também.

Nossa história está esperando para ser descoberta. As palavras, a linguagem, o mapa — tudo de que precisamos para fazer essa jornada está dentro de nós neste exato momento.

No Capítulo 3, discorri sobre as pesquisas científicas mais recentes, demonstrando de que maneira ferramentas como a visualização podem criar novas vias neurais e até mesmo beneficiar nossos genes. Agora, vamos aplicar o que aprendemos.

Nos próximos capítulos, você encontrará exercícios destinados a quebrar as barreiras do pensamento habitual. Eles foram elaborados para jogar lenha na fogueira a fim de que os fluxos mais profundos do inconsciente possam emanar para a superfície.

Cada exercício tem como base o anterior. Alguns pedem que você feche os olhos e visualize parentes; outros sugerem que se sintonize com as sensações corporais. Vários deles solicitam que anote as respostas das perguntas destinadas a identificar os indícios significativos em sua linguagem central. É aconselhável ter uma caneta e um papel por perto; um bloco de notas é uma boa opção para que você possa revisar suas respostas com facilidade à medida que avança.

Em minha prática, constatei que, ao fazer os exercícios, é possível aprofundar sua própria experiência e descobrir mais sobre si mesmo. Não é preciso se preocupar com respostas certas ou erradas. Deixe a curiosidade ser o seu guia enquanto eu o conduzo por um processo que, em meu consultório, tem curado muitas pessoas.

Capítulo 5

Os Quatro Temas Inconscientes

Os vínculos mais fortes são aqueles com as pessoas que nos deram à luz... dificilmente importa quantos anos se passaram, quantas traições ocorreram, quanto sofrimento acometeu a família. Permanecemos conectados, mesmo contra a nossa vontade.

— Anthony Brandt, "Bloodlines"

Quer herdemos as emoções de nossos pais no útero, quer sejam transmitidas na relação inicial com nossa mãe, quer sejam compartilhadas por meio da lealdade inconsciente ou das mudanças genéticas, é evidente que a vida nos reencaminha aspectos pendentes do passado.

Iludimo-nos ao acreditar que podemos fazer nossas vidas se desenrolarem exatamente como planejamos. Muitas vezes, nossas intenções conflitam com nossas ações. Desejamos saúde, mas comemos besteiras em demasia ou encontramos desculpas para não fazer exercícios. Ansiamos por um relacionamento amoroso, mas nos distanciamos assim que um parceiro em potencial se aproxima. Queremos uma carreira significativa, mas não damos os passos necessários para alcançá-la. A pior parte é: aquilo que nos detém é imperceptível para nós, mantendo-nos frustrados e confusos.

Buscamos respostas nos lugares de sempre. Focamos as falhas de nossa criação. Refletimos sobre as situações desagradáveis de nossa infância que nos fragilizaram. Culpamos nossos pais por acontecimentos infelizes. Perscrutamos os mesmos pensamentos repetidas vezes. No entanto, recordar dessa maneira raramente melhora as circunstâncias. Sem a identificação da origem dos nossos problemas, as queixas apenas perpetuam nossa constante infelicidade.

Neste capítulo, conheceremos os quatro temas inconscientes que atrapalham o progresso da vida, quatro maneiras pelas quais a saúde, o sucesso e os relacionamentos são prejudicados. Antes de avançar, vamos analisar como chegamos até aqui.

O Fluxo da Vida

O caminho foi simples. Chegamos até aqui por meio de nossos pais. Como filhos, estamos conectados a um aspecto amplo que remonta ao passado, literalmente até o início da humanidade. Por meio de nossos pais, nos conectamos à própria corrente da vida, embora não sejamos a sua fonte. A centelha foi apenas passada para nós — transmitida biologicamente, junto com nossa história familiar. Também experimentamos como ela se mantém acesa em nosso interior.

Essa centelha é a nossa força vital. Talvez você a sinta pulsando dentro de si agora, enquanto lê. Se já presenciou uma morte, você percebeu essa força diminuir, sentindo o exato instante em que ela deixou o corpo. Analogamente, se já testemunhou um nascimento, pôde reconhecê-la inundando o ambiente.

Essa força vital não cessa com o nascimento. Ela continua a emanar de nossos pais, mesmo que nos sintamos desconectados deles. Tanto em minha prática clínica quanto em minha própria vida, tenho observado que, quando nossa conexão com nossos pais flui livremente, nos sentimos mais abertos para receber o que a vida nos traz. Quando essa conexão é prejudicada de alguma forma, a força vital disponível parece limitada. Podemos nos sentir bloqueados e retraídos, ou excluídos do fluxo da vida, como se nadássemos contra a corrente. Como consequência, sofremos e não sabemos o motivo. No entanto, temos os recursos internos para a cura. Começaremos avaliando a conexão que sentimos com nossos pais neste exato momento, independentemente de ainda estarem vivos ou não.

Sentindo o Fluxo

Faça uma pausa e sinta a conexão ou a desconexão com seus pais. Não importa qual a história entre vocês. Apenas sinta essa relação e como ela afeta seu corpo fisicamente.

Visualize seus pais biológicos parados na sua frente. Caso não os conheça ou não consiga imaginá-los, apenas sinta sua presença. Foque essa imagem e pergunte-se:

- Eu os recepciono ou os expulso?
- Sinto que eles me recepcionam?
- Tenho sentimentos diferentes entre um e outro?
- Meu corpo está relaxado ou tenso enquanto os visualizo?
- Se uma força vital fluísse deles para mim, quanto dela me alcançaria: 5%? 25%? 50%? 75%? Ou 100%?

A força vital que emana de nossos pais flui para nós livremente. Não precisamos fazer nada. Nossa única função é recebê-la.

Visualize a força vital como o fio principal que fornece eletricidade à sua casa. Todos os outros fios que se ramificam nos vários ambientes dependem dele para obter energia. Não importa o quão bem-feita seja a fiação da nossa casa, se a conexão com o fio principal for prejudicada, o fluxo será afetado.

Agora, veremos como esse "fio principal" pode ser comprometido pelos quatro temas inconscientes.

Os Quatro Temas Inconscientes que Interrompem o Fluxo da Vida

Estes temas são comuns a todos, mas seus efeitos são inconscientes:

1. Nós nos fundimos com um de nossos pais.

2. Nós rejeitamos um de nossos pais.

3. Nós sofremos uma ruptura no vínculo inicial com nossa mãe.

4. Nós nos identificamos com um membro do sistema familiar que não é um de nossos pais.

Qualquer um desses temas pode atrapalhar nossa capacidade de prosperar e atingir as metas que estabelecemos. Eles podem limitar nossa vitalidade, nossa saúde e nosso sucesso; estão presentes em nosso comportamento e em nossos relacionamentos; e aparecem em nossas palavras.

Os quatro temas são relacionais, no sentido de que descrevem aspectos de como nos relacionamos com nossos pais e com outros membros do sistema familiar. Ao compreendê-los e saber onde procurá-los, é possível identificar quais estão ativos e nos impedindo de alcançar a plenitude de nossas experiências de vida.

A desconexão materna ou paterna é subjacente a três dos quatro temas inconscientes, sendo o primeiro ponto a considerar quando estamos com dificuldades.

Há outras interrupções na força vital que nos impedem de viver plenamente, mas nem sempre são inconscientes e nem sempre envolvem um dos pais ou outro membro do sistema familiar. Uma dessas interrupções ocorre quando sofremos um trauma pessoal. Mesmo que estejamos cientes de seus efeitos sobre nós, podemos ser incapazes de resolvê-lo.

Outro tipo de interrupção ocorre quando nos sentimos culpados por uma ação ou por um crime. Talvez tenhamos tomado uma decisão que magoou alguém, terminado um relacionamento de forma cruel, pegado algo que não nos pertencia ou tirado uma vida de forma deliberada ou acidental. A culpa pode paralisar nossa força vital de inúmeras maneiras. E, quando ela não é admitida ou resolvida, pode se estender aos filhos e até mesmo aos netos. Você lerá mais sobre essa questão nos capítulos seguintes. Primeiro, examinaremos as quatro interrupções que se relacionam diretamente com nossos pais ou outro membro do sistema familiar.

1. Você Se Fundiu com os Sentimentos, Comportamentos ou Experiências de um dos Seus Progenitores?

Reflita. Algum de seus progenitores teve dificuldades emocionais, físicas ou psicológicas? Você se magoou ao vê-los sofrer? Quis aliviar a dor deles? Você tentou? Defendeu um em detrimento do outro? Teve receio de demonstrar seu amor a um deles e magoar o outro? Atualmente, em sua vida, tem dificuldades semelhantes às deles? Reconhece a dor de seus pais em você?

De forma inconsciente, muitos de nós assumimos a dor de nossos pais. Na infância, desenvolvemos nossa autoconsciência gradualmente. Ainda não tínhamos aprendido como nos separar de nossos pais e, ao mesmo tempo, nos conectar a eles. Nessa fase de inocência, talvez tenhamos imaginado que poderíamos aliviar sua infelicidade ao consertá-la ou compartilhá-la. Se também a carregássemos, eles não teriam que suportá-la sozinhos. Mas isso é um pensamento fantasioso que só acarreta mais infelicidade. Estamos rodeados por padrões compartilhados de infelicidade. As dificuldades de relacionamento são espelhadas pelas crianças: mãe triste, filha triste; pai desrespeitado, filho desrespeitado. As combinações são infinitas.

Ao nos fundirmos com um de nossos pais, inconscientemente compartilhamos um aspecto, em geral negativo, de sua experiência de vida. Repetimos ou revivemos certas situações ou circunstâncias sem fazer o próprio vínculo capaz de nos libertar.

A História de Gavin

A história a seguir ilustra como essa dinâmica, geralmente velada, pode fomentar as dificuldades cuja resolução parece inviável.

Aos 34 anos, Gavin tomou uma série de decisões financeiras precipitadas que custaram a ele e a sua família todas as suas economias. Na época, fora demitido de seu trabalho como gerente de projetos por não cumprir os prazos. Com uma esposa e duas crianças em casa, ele entrou em desespero. Em meio às dificuldades para pagar as contas e a tensão em seu casamento, Gavin foi acometido por uma depressão profunda.

Quando ele era pequeno, seu pai, que, por acaso, também estava em seus 30 e poucos anos, apostou todas as economias da família nas pistas de corrida, acreditando ter informações privilegiadas sobre um determinado cavalo. Nesse ponto, a mãe de Gavin pegou as crianças e voltou para a casa dos pais. Depois disso, ele raramente via o pai, a quem a mãe se referia como egoísta, apostador compulsivo e fracassado.

Agora, aos 34 anos, embora não tivesse feito a conexão de forma consciente, Gavin repetia a experiência do pai como "fracassado". Ele também desperdiçara as economias da família e agora enfrentava a possibilidade de perder a esposa e as filhas. Foi apenas em nossa sessão juntos que Gavin percebeu que estava revivendo o passado.

Em razão do grande distanciamento paterno, ele não conseguia entender como suas vidas refletiam um padrão tão semelhante. Por não compartilhar uma conexão consciente com o pai, Gavin criou uma inconsciente, repetindo as falhas paternas. Ao compreender isso, ele decidiu reparar o relacionamento desfeito.

Já fazia quase uma década que não se falavam. Ciente de sua própria resistência e do fato de que conhecia o pai principalmente por meio das histórias da mãe, Gavin procedeu com cautela, mas com a mente aberta. Em uma carta escrita à mão, contou que o pai era avô de duas meninas e que lamentava não ter entrado em contato antes. Gavin esperou seis semanas, mas não obteve resposta. Temia que o pai tivesse morrido — ou pior, desistido dele.

Confiando em um bom pressentimento, Gavin telefonou para o pai. Ficou feliz por ter ligado, pois, surpreendentemente, ele não havia recebido a carta. Durante a conversa, ambos se acanharam, atrapalhando-se com palavras e emoções enquanto tentavam estabelecer uma conexão. Após alguns telefonemas tensos, sentimentos genuínos começaram a surgir. Gavin conseguiu dizer que sentia muita falta do pai. Ele ouviu, segurando o choro. Disse ao filho o quão doloroso foi perder a família e que não havia passado um dia sem que sentisse pesar e tristeza. O pai sugeriu que se encontrassem pessoalmente. Gavin concordou. Em poucas semanas, a depressão que o acometera começou a atenuar. Com o pai de volta em sua vida, ele começou a estabilizar a situação em casa, restaurando a confiança perdida da esposa e fortalecendo os laços com as filhas. Era como se tivesse encontrado uma chave que nunca soube que estava perdida. Gavin agora podia destrancar o cofre que guardava o bem mais essencial de sua vida — a conexão familiar.

Os pais jamais gostariam de ver o filho sofrendo por eles. Além de contrariar a ordem da vida, é presunçoso e exagerado pensar que nós, ainda crianças, estamos mais bem preparados para lidar com o sofrimento deles. Nossos pais nasceram antes de nós; são eles quem devem propiciar nossa sobrevivência. Na infância, não somos capazes de fazer o mesmo.

Quando uma criança assume o fardo de um pai — de forma consciente ou inconsciente —, ela é privada da experiência de receber cuidado e pode ter dificuldade em aceitá-lo em relacionamentos posteriores. Muitas vezes, uma criança que cuida de um dos pais cria um padrão vitalício de generalização excessiva e estabelece um blueprint para o sentimento habitual de extenuação. Ao tentar compartilhar ou carregar o fardo parental, damos continuidade ao sofrimento familiar e bloqueamos o fluxo de força vital que está disponível para nós e para as gerações seguintes.

Mesmo ao cuidar de pais doentes ou idosos, oferecendo o que não podem fazer por si mesmos, é importante preservar e respeitar a integridade da relação entre pais e filhos, em vez de diminuir a dignidade parental.

2. Você Já Julgou, Culpou, Rejeitou ou Afastou um dos Seus Progenitores?

Se realmente desejamos apreciar a vida, sentir alegria, ter relacionamentos profundos e satisfatórios, garantir uma saúde de ferro e aproveitar todo o nosso potencial, sem o sentimento de fragmentação interna, precisamos restaurar a relação desfeita com nossos pais. Além de terem nos concedido a vida e consistirem em uma parte inexorável de nossa essência, eles são a porta de entrada para as forças latentes e criativas, assim como para os desafios, que também fazem parte do nosso legado ancestral. Estejam vivos ou mortos, sejam distantes ou amigáveis, nossos pais — e os traumas que sofreram ou herdaram — são a chave para a nossa cura.

Mesmo que você sinta que prefere mastigar um punhado de tachinhas do que se afeiçoar a seus pais, essa etapa não pode ser ignorada, não importa quanto tempo demore. (Tive 36 almoços semanais com meu pai, sargento da Marinha, antes que ele finalmente me dissesse que nunca acreditou que eu o amava.) Relacionamentos rompidos muitas vezes resultam de eventos dolorosos em nossa história familiar e podem se repetir por gerações até que tenhamos coragem de abandonar nossa mente julgadora, abrir nosso coração fechado e considerar nossos pais e outros membros da família com compaixão. Essa é a única maneira de solucionar a dor que nos impede de apreciar nossas vidas por completo.

Ainda que, a princípio, façamos esse movimento em um nível interno, é importante encontrar um lugar interior em que possamos nos acalmar e não ceder à irritação ao pensar em nossos pais.

É provável que essa abordagem contrarie o que aprendemos. Grande parte da psicoterapia convencional se concentra em culpar os pais como a causa principal do sofrimento. Assim como ratos que percorrem incessantemente o mesmo labirinto, muitas pessoas passam décadas relembrando histórias antigas de como seus pais as decepcionaram e consternaram suas vidas. Embora nossas velhas histórias possam nos enredar, as histórias mais profundas por trás delas têm o poder de nos libertar. A fonte dessa liberdade está dentro de nós, apenas esperando para ser explorada.

Os Quatro Temas Inconscientes 71

Pergunte-se: você julga, culpa ou rejeita um dos seus progenitores por algo que acredita que ele lhe causou? Você desrespeita um deles, ou ambos? Afastou algum deles?

Digamos que você culpa ou rejeita sua mãe por ela não lhe dar o suficiente daquilo que acha que deveria ter recebido. Se isso for verdade, você também se perguntou o que aconteceu com ela? Que evento foi capaz de interromper o fluxo do amor em seu relacionamento? Aconteceu algo que os separou ou que a separou dos pais dela?

Talvez sua mãe carregue uma mágoa da sua avó, o que a impossibilitou de dar a você o que ela não teve. Suas habilidades parentais seriam limitadas por aquilo que não recebeu dos pais dela.

Ao rejeitar sua mãe, é provável que um evento traumático se interponha entre vocês. Talvez ela tenha perdido um filho antes do seu nascimento, entregado uma criança para adoção ou sofrido com a morte de seu primeiro amor em um acidente de carro — o homem com quem planejou se casar. Talvez o pai tenha morrido quando ela era jovem ou seu querido irmão fora morto ao descer do ônibus. As ondas de choque de tal evento o afetariam, mas o acontecimento real não se relacionaria a você diretamente. Pelo contrário, o trauma comprometeria o foco e a atenção de sua mãe, não importa o quão grande fosse o amor dela por você.

Na infância, você pode tê-la considerado indisponível, egocêntrica ou reservada. Como consequência, a rejeitou, levando seu fluxo de amor escasso para o lado pessoal, como se, de alguma forma, ela tivesse escolhido privá-lo desse fluxo. A maior verdade seria que o amor ansiado por você não estava disponível para sua mãe oferecê-lo. Qualquer criança nascida em circunstâncias semelhantes provavelmente experimentaria um tipo parecido de maternidade.

Ao afastar sua mãe, você pode culpá-la por não corresponder a todo o amor que dedicou a ela quando criança. Talvez sua mãe estivesse deprimida e chorasse muito, e você tenha tentado alegrá-la com o seu amor. Talvez tenha cuidado dela e procurado amenizar sua dor. Certo dia, você pode ter percebido que todos os seus esforços foram em vão, que seu amor não poderia fazê-la se sentir melhor. Portanto, você se distanciou e a culpou por não lhe dar o necessário, quando, na verdade, sentiu-se invisível por todo o amor concedido, ou desalentado pela falta de reciprocidade. Afastar-se talvez fosse a única opção que você conhecia. Essa escolha pode fazê-lo se sentir livre no início, mas é a falsa liberdade de uma defesa da infância, que acabará limitando sua experiência de vida.

Talvez você culpe ou julgue um dos seus pais pelas brigas do casal, que o forçaram a tomar partido. É comum que uma criança seja abertamente leal a um, mas secretamente leal ao outro. Ela pode formar um vínculo oculto com o pai rejeitado ou difamado, adotando ou imitando o que é julgado como negativo nesse pai.

Analisemos de novo. As emoções, as características e os comportamentos que rejeitamos em nossos pais provavelmente continuarão existindo em nós. É a nossa maneira inconsciente de amá-los, uma forma de trazê-los de volta à nossa vida. Constatamos como, de modo inconsciente, esse padrão estava presente na vida de Gavin.

Ao rejeitar nossos pais, somos incapazes de enxergar as semelhanças que temos com eles. Renegamos esses comportamentos e muitas vezes os projetamos nas pessoas à nossa volta. Por outro lado, podemos atrair amigos, parceiros íntimos ou de negócios que manifestam os mesmos comportamentos rejeitados, o que nos dá inúmeras oportunidades de reconhecer e curar a dinâmica.

Em um nível físico, a rejeição de nossos pais pode se manifestar como uma dor, uma tensão ou um torpor. Nossos corpos sentirão certo grau de desassossego até que o pai rejeitado seja sentido de forma amorosa.

Nem sequer precisamos saber o histórico familiar exato para entender o que desencadeou a rejeição. Obviamente, aconteceu algo que impediu vocês dois de serem próximos. Talvez sua mãe tenha se sentido desconectada da mãe dela quando criança, perdido um irmão ou sido abandonada por seu grande amor. Pode ser que ela não revele sua história e você nunca descubra. Mesmo assim, curar seu relacionamento com sua mãe o ajudará a se sentir mais completo. É evidente que algo aconteceu. Isso é tudo o que você precisa saber. E esse algo foi responsável por bloquear o seu coração ou o dela, ou ambos. Seu trabalho é se reconectar com o amor natural que sentia por sua mãe quando criança. Dessa forma, você pode liberar o fardo que carrega e que, na verdade, pertence a ela.

A cura de nosso relacionamento parental geralmente começa com uma imagem interior. Às vezes, antes de darmos um passo no mundo exterior, devemos dar um passo no mundo interior. Dessa forma, podemos fazer o processo avançar. Embora o exercício a seguir se concentre no relacionamento materno, ele também pode ser feito com o paterno.

Visualize Sua Mãe e a História Dela

Imagine que sua mãe está parada na sua frente, a poucos passos de distância. Verifique o seu interior. Quais sensações são despertadas? Agora, imagine que ela dá três passos largos em sua direção e fica bem próxima a você, a centímetros do seu corpo. O que acontece fisicamente? Seu corpo se abre ou se contrai, querendo se afastar? Se sua resposta for a segunda opção, é importante perceber que se abrir agora é responsabilidade sua, e não dela.

Ampliemos a perspectiva e consideremos que sua mãe está a passos de distância. Dessa vez, visualize-a cercada por todos os eventos traumáticos que ela sofreu. Mesmo que não saiba exatamente o que aconteceu, você tem uma noção de sua história familiar e das dificuldades enfrentadas em sua vida. Dedique um momento a realmente sentir como deve ter sido a experiência dela.

- Feche os olhos.

- Relembre toda a história familiar de sua mãe e deixe que as tragédias venham à mente.

- Visualize sua mãe como uma jovem, uma criança ou um bebê se retraindo perante a perda, tentando se proteger do ataque da dor.

- O que seu corpo sente ao considerar o que ela deve ter sentido? Quais as sensações e em quais partes de seu corpo se manifestam?

- Você pode sentir ou imaginar como deve ter sido para ela?

- Isso o comove? Você sente compaixão?

- Dirija-se a ela em seu coração: "Mãe, eu entendo." Mesmo que você não entenda completamente, diga mais uma vez: "Mãe, eu entendo." Considere adicionar as seguintes palavras: "Mãe, tentarei aceitar seu amor como ele é, sem julgá-lo ou esperar que seja diferente."
- Qual a sensação de dizer isso?
- O que acontece em seu corpo quando você pronuncia essas palavras para ela?
- Há alguma parte de seu corpo que relaxa, se abre ou parece mais leve?

Ter um relacionamento próximo com nossos pais não apenas aumenta o conforto e o apoio que sentimos na vida, mas também se correlaciona a uma boa saúde. Um estudo longitudinal de 35 anos conduzido na Universidade Harvard encontrou evidências convincentes de que a qualidade do relacionamento parental pode, posteriormente, afetar a saúde.

Especificamente, os participantes foram convidados a descrever seu relacionamento com cada progenitor usando a seguinte escala: "muito próximo", "afetuoso e amigável", "tolerável" ou "tenso e frio". Os 91% que afirmaram que o relacionamento com a mãe era tolerável ou tenso foram diagnosticados com um problema de saúde significativo (câncer, doença arterial coronariana, hipertensão etc.) na meia-idade, em comparação a 45% dos participantes — menos da metade — que declararam que o relacionamento materno era afetuoso ou próximo. Números semelhantes foram constatados nos participantes que descreveram o relacionamento com o pai: 82% que relataram relacionamentos toleráveis ou tensos tiveram problemas de saúde significativos na meia-idade, em comparação a 50% com relacionamentos paternos afetuosos ou próximos. Quanto aos participantes que tinham relacionamentos tensos com ambos os pais, os resultados foram surpreendentes: 100% deles apresentaram problemas de saúde significativos, contra 47% que descreveram o relacionamento parental como afetuoso e próximo.[1]

Outro estudo, realizado na Universidade Johns Hopkins, acompanhou 1.100 estudantes de medicina do sexo masculino por 50 anos, constatando que as taxas de câncer se correlacionavam estreitamente com o grau de distância que os participantes sentiam em relação aos pais.[2]

Além da possibilidade de o relacionamento difícil com os pais afetar a saúde física, o relacionamento inicial com a mãe, em particular, pode servir de modelo para a construção de relações posteriores. A história a seguir demonstra como sentimentos maternos não resolvidos podem ser projetados em nossos parceiros.

A História de Tricia

Os relacionamentos de Tricia duravam pouco, não passando de um ou dois anos, e ela estava prestes a deixar seu atual parceiro. "Ele é insensível", reclamou. "Nunca está presente quando preciso." Sem saber, Tricia descreveu sua mãe de maneira semelhante. "Ela é distante e emocionalmente indisponível. Nunca pude recorrer ao seu apoio. Minha mãe nunca me amou como eu precisava."

A rejeição à mãe era a causa dos seus fracassos de relacionamento. As pendências maternas ressurgiam inconscientemente com os parceiros, corroendo o vínculo compartilhado e a intimidade desejada.

Tricia não conseguia identificar nenhum evento específico que explicasse sua rejeição materna. No entanto, em nosso trabalho conjunto, ela revelou que, muitas vezes, a mãe descrevia sua própria mãe como egoísta e emocionalmente indisponível. A história era assim: a avó de Tricia, quando era apenas uma criança, foi morar com uma tia após a morte da sua mãe. Com frequência, sentia-se uma estranha na nova família e permaneceu ressentida pela maior parte de sua vida. Tricia finalmente entendeu a origem da falta de afeto materno. Pela primeira vez, ela percebeu que também repetia um padrão familiar de filhas que não recebiam o que precisavam de suas mães. Esse padrão reverberava na história da família por pelo menos três gerações.

Com uma compreensão mais profunda dos eventos por trás da distância materna, Tricia relatou ter sentido compaixão pela mãe. Ao se reconciliarem, os efeitos no relacionamento com seu parceiro foram imediatos.

Ela se viu menos defensiva, conseguindo permanecer aberta e presente — mesmo durante momentos difíceis, quando, no passado, se sentiria ameaçada, afastada e recuada para dentro de si. As projeções, antes veladas, agora eram evidentes.

Se o relacionamento com seus pais for tenso, não se preocupe. Ofereço ferramentas que podem ajudá-lo a restaurar a conexão. É importante não esperar que eles sejam diferentes, pois a mudança ocorrerá em você. A dinâmica do relacionamento pode permanecer a mesma, mas a perspectiva será outra. Não se trata de se jogar de forma imprudente na frente de um trem em movimento, mas, sim, de escolher o melhor trajeto para fazer a viagem.

3. Você Sofreu uma Ruptura no Vínculo Inicial com Sua Mãe?

Se você rejeitou sua mãe, pode ser que tenha sofrido uma ruptura durante o processo inicial de vínculo com ela. Entretanto, nem todo mundo que experimenta essa ruptura desenvolve a rejeição materna. O mais provável é que a interrupção durante esse período resulte em certo grau de ansiedade nas tentativas de relacionamento íntimo com um parceiro. Essa ansiedade pode se manifestar na dificuldade para manter um relacionamento ou até mesmo na falta de desejo de se relacionar, bem como na decisão de não ter filhos. Superficialmente, você pode reclamar que criar um filho envolve muito tempo e energia. Em um nível mais profundo, pode se sentir despreparado para fornecer a uma criança o que você mesmo não teve.

A ruptura no vínculo entre mãe e filho nas gerações anteriores também pode afetar sua conexão materna. Sua mãe ou avó interromperam o vínculo com a mãe delas? Os vestígios desses traumas iniciais podem ser experimentados em gerações posteriores. Ademais, seria difícil para sua mãe lhe dar o que não recebeu da própria mãe.

Se seus pais são distantes, ou já falecidos, talvez você nunca saiba a resposta dessas perguntas, principalmente se a ruptura ocorreu durante tenra idade. Em geral, as rupturas precoces podem ser difíceis de discernir, pois o cérebro está despreparado para recuperar as experiências dos primeiros anos de vida. Antes dos 2 anos de idade, o hipocampo, a parte cerebral associada à formação, à organização e ao armazenamento de memórias, ainda não desenvolveu totalmente as conexões com o córtex pré-frontal (a parte do cérebro que nos ajuda a interpretar nossas experiências). Como resultado, o trauma de uma separação precoce é armazenado como fragmentos de sensações físicas, imagens e emoções, em vez de memórias claras que podem ser arranjadas em uma história. Sem uma história, as emoções e as sensações são difíceis de entender.

Algumas Perguntas para Investigar um Vínculo Interrompido

- Algo traumático aconteceu enquanto sua mãe estava grávida de você? Ela ficou muito ansiosa, deprimida ou estressada?

- Seus pais tiveram dificuldades de relacionamento durante a gravidez?

- Seu parto foi complicado? Você nasceu prematuro?

- Sua mãe teve depressão pós-parto?

- Você foi separado de sua mãe logo após o nascimento?

- Você foi adotado?

- Durante os três primeiros anos de vida, você sofreu um trauma ou uma separação materna?

- Você e sua mãe já foram forçados a se separar por conta de uma internação (talvez você tenha ficado por um tempo na incubadora, retirado as amígdalas, passado por algum outro procedimento médico ou sua mãe precisou de uma cirurgia ou teve uma complicação decorrente de uma gravidez etc.)?

- Durante os seus três primeiros anos de vida, sua mãe sofreu um trauma ou uma perturbação emocional?

- Sua mãe perdeu um filho antes de você nascer?

- A atenção da sua mãe foi direcionada a um trauma que envolveu um de seus irmãos (um aborto tardio, um natimorto, uma morte, uma emergência médica etc.)?

Às vezes, a ruptura do vínculo não é física. Em alguns casos, experimentamos um rompimento materno mais enérgico. Nossa mãe pode estar fisicamente presente, mas ser emocionalmente distante ou incoerente. A presença e a constância estabelecidas pela genitora nos primeiros anos de vida são fundamentais para o bem-estar psicológico e emocional da criança. A psicanalista Heinz Kohut define "o brilho nos olhos da mãe" ao olhar para o filho como o meio pelo qual a criança se sentirá validada e, assim, se desenvolverá de maneira saudável.

Caso tenhamos sofrido uma ruptura precoce no vínculo materno, será necessário reunir alguns indícios provenientes da história de nossa mãe, bem como da nossa própria. Precisaremos olhar em retrospecto: algo traumático afetou a capacidade dela de ser atenciosa? Ela estava presente ou apreensiva? Havia uma desconexão na forma como nos tocava, nos olhava, no tom quando falava conosco? Tivemos dificuldade em estabelecer vínculos de relacionamento? Nós nos fechamos, nos afastamos ou evitamos a proximidade?

Suzanne, uma mulher de 31 anos e mãe de dois filhos, se aterrorizava com a ideia de ter um relacionamento fisicamente próximo com a mãe. Nunca gostou de ser abraçada por ela e revelou que não tinha uma relação física afetuosa com o marido. "O abraço suga sua energia", afirmou. Quando tinha 9 meses, Suzanne passou duas semanas sozinha no hospital com pneumonia, enquanto sua mãe ficou em casa para cuidar dos outros filhos. Nesse ponto, ela começou a se afastar de forma inconsciente. A rejeição do afeto materno foi apenas uma forma de proteção, para evitar ser magoada e abandonada novamente. Ser capaz de identificar a origem de sua repulsa pela genitora foi crucial, pois Suzanne conseguiu restaurar o vínculo que havia se rompido entre elas.

Após sofrer uma ruptura no vínculo, a criança pode hesitar no momento de restabelecer a conexão com a mãe — a maneira como a reparação acontece pode criar um blueprint para a ligação e a separação em relacionamentos futuros. Se essa conexão entre a mãe e o filho não for restaurada por completo, posteriormente, ele pode hesitar ao tentar estabelecer um vínculo com um parceiro. É possível que esse fracasso acarrete "uma inexplicável falta de proximidade [que] ofusca os relacionamentos diários", diz o psicólogo David Chamberlain. "Intimidade e amizade autêntica parecem inatingíveis."[3]

Na infância, enxergamos nossa mãe como nosso mundo. Uma separação dela é sentida como uma separação da vida. Experiências de vazio e desconexão, sentimentos de desesperança e desespero, a crença de que algo está terrivelmente errado conosco ou com a própria vida — todos esses aspectos podem ser gerados por uma separação precoce. Muito jovens para processar o trauma, experimentamos crenças, sensações corporais e sentimentos que nos habitam sem a história que os conecta ao passado. São essas experiências que infundem as muitas mágoas, perdas, decepções e desconexões que nos acometem ao longo da vida.

As Memórias Negativas da Infância

Muitos não conseguem ver além das imagens dolorosas da infância, sendo incapazes de lembrar os acontecimentos positivos. Em tenra idade, vivemos momentos agradáveis e perturbadores. No entanto, as memórias reconfortantes — de sermos acalentados por nossa mãe enquanto ela nos alimentava, nos limpava ou nos fazia dormir — muitas vezes são impedidas de vir à tona. Em vez disso, parecemos considerar apenas as lembranças dolorosas de não conseguir o que queríamos, de não receber amor suficiente.

Há razões para isso. Quando, na infância, sentimos nossa segurança sendo ameaçada, nossos corpos reagem erguendo barreiras de proteção. Essas defesas inconscientes se tornam um padrão, orientando nossa atenção para o que é difícil ou perturbador, em vez de registrar o que é reconfortante. É como se nossas memórias positivas permanecessem do outro lado de uma parede, inalcançáveis. Capazes de residir em apenas um lado da parede, realmente acreditamos que nada de bom nos aconteceu.

É como se reescrevêssemos a história, guardando apenas as memórias que sustentam nossa estrutura defensiva primitiva, defesas que estão conosco há tanto tempo que se integraram à nossa essência. Sob a barreira inconsciente que erguemos, existe um profundo desejo de ser amados por nossos pais. No entanto, muitos de nós não conseguem mais acessar esses sentimentos, pois, se lembrássemos os momentos de amor e ternura compartilhados com nossos pais, nos sentiríamos vulneráveis e correríamos o risco de sofrer mágoas novamente. Portanto, as próprias memórias que poderiam nos proporcionar a cura são aquelas que bloqueamos inconscientemente.

Os biólogos evolucionistas corroboram essa premissa. Eles descrevem como nossa amígdala usa cerca de dois terços de seus neurônios procurando por ameaças. Como resultado, os eventos dolorosos e assustadores são armazenados mais facilmente em nossa memória de longo prazo do que os agradáveis. Os cientistas chamam esse mecanismo padrão de "viés da negatividade", o que faz todo o sentido. Nossa própria sobrevivência depende da capacidade de prevenir ataques em potencial. "A mente é como um adesivo para as experiências negativas", afirma o neuropsicólogo Rick Hanson, "e um antiaderente para as positivas".[4]

4. Você Se Identifica Inconscientemente com um Membro do Sistema Familiar que Não É um de Seus Progenitores?

Às vezes, nosso relacionamento parental é consistente e amoroso, mas, ainda assim, não conseguimos explicar os sentimentos complexos que carregamos. Costumamos presumir que o problema se origina dentro de nós e que só encontraremos sua fonte se procurarmos fundo o suficiente. Até descobrirmos o verdadeiro evento desencadeante na história de nossa família, podemos reviver medos e sentimentos que não nos pertencem — fragmentos inconscientes de um trauma —, supondo que são nossos.

A História de Todd

Todd tinha 9 anos quando começou a perfurar o sofá com uma caneta. No mesmo ano, agrediu um vizinho com um pedaço de madeira, resultando em um corte que exigiu quarenta pontos. Passou os anos seguintes recebendo medicamentos e tratamento psicológico, mas os comportamentos agressivos continuaram. A peça que faltava no quebra-cabeça apareceu quando o pai de Todd, Earl, me contou sobre o próprio pai, a quem odiava.

O avô de Todd era violento. Não apenas batia nos filhos, mas também esfaqueou um homem até a morte em uma briga de bar. Ele nunca foi indiciado e ficou livre para viver como quisesse. Mas não seus descendentes; Todd, seu neto, se tornara o incauto receptor de sentimentos violentos que não eram seus. Compartilhava uma conexão inconsciente com o avô, que permaneceria oculta se o pai não tivesse investigado o passado da família.

Em nossa sessão, Earl revelou que seu avô também matara um homem e que, na geração anterior, seu bisavô foi morto, junto com vários familiares, por um barão de terras das redondezas e seus aliados. O padrão estava começando a fazer sentido. Earl percebeu que seu pai era apenas uma peça da engrenagem de violência familiar.

Com a perspectiva ampliada, talvez pela primeira vez na vida, Earl sentiu compaixão pelo pai. Afirmou que gostaria que ele ainda estivesse vivo, para que pudessem conversar sobre a história da família. Earl foi para casa e compartilhou o que sabia com Todd, que ouviu com atenção. De forma intuitiva, ambos sabiam que algo na narração e no recebimento finalmente cessaria. Essa percepção se mostrou verdadeira. Cinco meses depois, Earl me ligou e contou que Todd desmamara dos remédios e não se comportava mais com violência.

É provável que você não saiba da sua identificação com um membro do sistema familiar, pois ela é inconsciente, o que dificulta fazer a ligação por conta própria. Jesse e Gretchen, mencionados nas páginas iniciais deste livro, carregavam identificações com membros do sistema familiar. Assim como Megan.

A História de Megan

Aos 19 anos, Megan se casou com Dean e pensou que o relacionamento duraria para sempre. Até que, certo dia, quando tinha 25 anos, olhou para o marido do outro lado da mesa da cozinha e sentiu um torpor. Seus sentimentos por ele haviam acabado. Em poucas semanas, ela pediu o divórcio. Ao perceber o quão estranho era seu amor desaparecer repentinamente, Megan procurou ajuda.

Suspeitei que uma história familiar estava oculta e comecei a investigar. O reconhecimento da ligação pendente foi fortuito e simples. A avó de Megan tinha apenas 25 anos quando o marido, o amor de sua vida, se afogou enquanto pescava no mar. Ela criou a mãe de Megan sozinha e nunca se casou de novo. Essa morte repentina foi a grande tragédia da família.

A história era tão trivial que Megan nem sequer considerara seus efeitos. Ao perceber que revivia a história da avó, a solidão repentina, a perda profunda e o torpor, ela começou a piscar e franzir o rosto. Concedi todo o tempo necessário para que assimilasse o insight. Após muitos segundos, começou a ofegar. Poucos minutos depois, sua respiração ficou mais longa. Megan estava juntando as peças. "Sinto-me estranhamente esperançosa", disse. "Preciso contar ao Dean." Dias depois, ela me telefonou e relatou uma mudança interna; seus sentimentos pelo marido estavam voltando.

É importante ratificar: nem todos os comportamentos que manifestamos se originam de nosso interior. Eles podem simplesmente pertencer a familiares que nasceram antes. Talvez apenas carreguemos ou compartilhemos esses sentimentos, denominados "sentimentos de identificação".

Você Se Identifica com um Membro do Sistema Familiar?

- Você poderia estar sentindo, sofrendo, expiando, carregando a dor ou se comportando como alguém que nasceu antes?

- Você tem sintomas, sentimentos ou comportamentos difíceis de explicar no contexto da sua experiência de vida?

- A culpa ou a dor impediram um parente de amar alguém ou de passar pelo luto da sua perda?

- Alguém ou algo causou a rejeição desse parente na família?

- Houve um trauma (a morte prematura de um parente, uma criança ou um irmão; um abandono; assassinato; crime; suicídio etc.), um acontecimento tão horrível, doloroso ou vergonhoso que ninguém na família o menciona?

- Você poderia estar conectado com esse acontecimento, vivendo de forma semelhante à pessoa de quem ninguém fala?

- Você poderia estar revivendo o trauma desse parente como se fosse seu?

Como os Quatro Temas São Desencadeados

Consideremos um cenário hipotético: primeiro, uma tragédia ocorre. O irmão mais velho de uma criança de 2 anos morre repentinamente, deixando os pais enlutados e um irmão novo demais para entender o que aconteceu. É algo doloroso de se imaginar, mas, para a criança, o ocorrido pode ativar um ou mais dos quatro temas. Por exemplo:

A criança pode rejeitar um dos progenitores. Durante o luto, um dos pais pode perder a vontade de viver. Talvez um deles comece a beber para amenizar a dor ou a passar mais tempo longe de casa. Talvez estar juntos apenas intensifique o luto intolerável. Talvez a mãe ou o pai se culpe por acreditar ter contribuído para a morte do filho. Ou, no fundo, culpe o outro. Acusações como "Você não encontrou o médico certo" ou "Você deveria ter cuidado dele com mais atenção" podem ser veladas, sem nunca se manifestarem. Em todo caso, a criança sentiria essas emoções crescentes. As fúrias, as autoincriminações, as desconexões — como se o mundo tivesse desmoronado ou desaparecido de repente. Em resposta, na tentativa de se proteger, a criança pode se afastar ou blindar seu corpo dos sentimentos avassaladores. Aos 2 anos de idade, ela não entenderia a gravidade da tragédia. A perda da atenção parental seria confusa — talvez até mesmo ameaçadora. Mais tarde, a criança pode culpar o pai ou a mãe pela dor ou pelo distanciamento que sentiu, sem levar em conta o que aconteceu e como deve ter sido o sofrimento alheio.

A criança pode sofrer uma ruptura no vínculo com a mãe. O impacto da morte do primogênito pode despedaçar o coração materno. Desolada e desesperada, talvez a mãe se feche por semanas ou meses em seu luto, fragmentando o vínculo terno e vigoroso que compartilha com o filho de 2 anos. Além de romper o vínculo experimentado até então, um acontecimento como esse interromperia o importante desenvolvimento neural no corpo e no cérebro da criança. Nessa idade, ela não entenderia a gravidade da tragédia que afetou a atenção materna. Apenas sentiria que a dedicação, antes recebida, cessou. Substâncias químicas destinadas a acautelar a criança disparariam em seu corpo, mantendo-a em alerta. Ela poderia, então, desconfiar da mãe, temendo suas atitudes incoerentes, com receio de que "desaparecesse" novamente a qualquer momento.

A criança pode se fundir com a dor da mãe ou do pai. Com a morte do irmão mais velho, a criança pode sentir o peso da dor parental como se fosse sua. Os efeitos em cascata do luto podem desestabilizar a família inteira. Em uma tentativa cega de aliviar a dor alheia, ela pode tentar carregar a depressão materna ou a tristeza paterna como se tivesse algum poder mágico para extingui-la. É como se a criança dissesse para a mãe ou o pai: "Se eu carregar a sua dor, você melhorará." A tentativa, é claro, não teria sucesso, apenas prolongaria o luto para a próxima geração.

O filho que compartilha a dor dos pais geralmente o faz de forma inconsciente, a partir de uma fantasia cega de que pode salvá-los. Instintivamente leal, o filho costuma reproduzir as tristezas dos pais e reviver seus infortúnios. Esses laços de lealdade, como Hellinger os denomina, podem se manter por várias gerações, tornando o legado familiar uma herança de infelicidade.

A criança pode se identificar com o irmão falecido. Quando um filho morre, a tristeza acomete toda a família. As intoleráveis ondas de dor bloqueiam as expressões de vivacidade e felicidade. A criança pode até evitar o assunto perto dos pais enlutados para não chateá-los ainda mais. Para afastar a dor e a insensatez da morte, os familiares podem tentar não pensar no filho falecido e até se recusar a pronunciar seu nome. Dessa forma, ele é excluído, criando um terreno fértil para o enraizamento de uma identificação.

Hellinger explica que uma criança posterior no sistema (mesmo uma da geração seguinte) pode manifestar o que a família suprimiu. Ou seja, ela pode se sentir deprimida ou desiludida, separada de sua essência aparentemente inexistente — semelhante à forma como a família considera o irmão falecido. A criança pode sentir que é ignorada, invisível ou irrelevante. Pode até começar a assumir traços do irmão falecido, expressando facetas de seu gênero, sua personalidade, sua doença ou seu trauma. Ao se identificar de forma inconsciente com ele, a criança pode diminuir seu entusiasmo e limitar a expressão de sua força vital. É como se, em uma empatia silenciosa, ela afirmasse: "Já que você não pôde viver, eu não viverei plenamente."

Certa vez, trabalhei com uma mulher nascida menos de um ano após o irmão natimorto, que nem sequer recebeu um nome ou um lugar na família. Os pais reconheciam apenas duas filhas — ela e sua irmã mais nova — e minha cliente alegava ter apenas uma irmã. Porém, sofria com a sensação de não pertencimento. "Sinto-me uma estranha nessa família", afirmou. "É como se eu não tivesse um lugar." Embora não houvesse como comprovar sua veracidade, parecia que carregava a experiência de exclusão do irmão mais velho. Depois de trabalharmos juntos, ela relatou que a sensação se dissipara.

Identificações como essas podem alterar significativamente o curso da nossa vida. Desprevenidos e inconscientes, revivemos aspectos de traumas familiares com consequências alarmantes. Essas experiências não são incomuns. Sem saber, muitos de nós temos empatia por parentes que sofreram traumas difíceis. Quando o sofrimento nos confunde, precisamos nos perguntar: de quem são realmente os sentimentos que estou vivendo?

As Quatro Ferramentas do Mapa da Linguagem Central

Não saber a origem do trauma consiste em um dos maiores obstáculos para solucioná-lo. Sem um contexto para compreender nossos sentimentos, muitas vezes não identificamos os próximos passos. A linguagem central é capaz de revelar a origem do trauma a fim de que nos desvencilhemos das maneiras pelas quais revivemos o passado.

Nas páginas seguintes, começaremos a traçar o mapa da linguagem central. Seguiremos um passo a passo que usa a linguagem, as palavras que pronunciamos, para identificar a fonte dos sentimentos difíceis de explicar.

A elaboração do mapa da linguagem central tem quatro etapas. Em cada uma delas, será concedida uma ferramenta, destinada a extrair novas informações. As ferramentas são:

1. A Reclamação Central

2. Os Descritores Centrais

3. A Sentença Central

4. O Trauma Central

No próximo capítulo, identificaremos as pistas em nossa reclamação central. Aprenderemos a analisar e decifrar o que nos pertence e o que deriva da história familiar. Ao fazê-lo, interromperemos o transe dos traumas do passado e aprenderemos a colocar os sentimentos e os sintomas decorrentes em seu devido contexto histórico.

Parte II

O Mapa da Linguagem Central

Capítulo 6

A Reclamação Central

Quando um fato interior não se torna consciente ele acontece exteriormente, sob a forma de fatalidade.

— Carl Jung, *Aion: Estudos sobre o simbolismo do si-mesmo*

As palavras que empregamos ao descrever nossas preocupações e dificuldades podem expressar mais do que imaginamos. Ainda assim, poucas pessoas as consideram. Neste capítulo, começaremos a traçar nosso mapa da linguagem central. Aprenderemos a seguir as palavras à medida que elas formam uma trilha de indícios que levam à origem dos medos. Ao longo desse percurso verbal, a reclamação central será nossa primeira parada, podendo ser um baú de tesouro que abriga uma riqueza inexplorada. Ela pode até mesmo abrigar as sementes da solução buscada. Basta olharmos para dentro.

A fim de identificar a reclamação central em nossa linguagem cotidiana, buscamos o fio mais profundo de emoção na trama das palavras pronunciadas. Procuramos ouvir aquelas que têm a ressonância emocional mais forte. Às vezes, há um medo debilitante que nos mantém cativos. Às vezes, há uma qualidade premente de algo solicitado. Às vezes, há apenas uma dor intensa. Sempre que Bob, um engenheiro estrutural de 52 anos, se sente ansioso e sozinho, ele reclama: "Por que todo mundo sempre me abandona? Por que não sou bom o suficiente?"

De vez em quando, escutamos palavras ou frases que parecem ter vida própria. Ao reclamar, Joanne afirmou que a mãe sempre se referia a ela como a "decepção abjeta" da família. Sua principal reclamação era a falta de proximidade entre elas, sendo a distância e as palavras ásperas uma fonte de grande dor e vazio.

Ao remover as camadas de dor geracional, Joanne entendeu que era sua avó — não ela — que se sentia a "decepção abjeta" da família.

A história era assim: aos 15 anos, a avó se apaixonou por um homem casado em seu pequeno vilarejo irlandês. Ela engravidou e ele se recusou a assumir a responsabilidade. Expulsa de casa, a avó viveu com vergonha pelo resto da vida, trabalhando como faxineira e criando sua única filha como mãe solo. Nunca se casou e nem superou a sensação de que, por ter uma filha ilegítima, envergonhara a família.

Embora as palavras "decepção abjeta" nunca tenham sido ditas pela avó, elas ecoaram nas três mulheres. A avó as vivenciou ao ser banida da família; a filha as experimentou ao sentir que arruinara a vida da mãe por não ser fruto de uma união legítima. Duas gerações depois, a neta compartilhou as emoções, considerando-se uma decepção para sua mãe.

Ao explorar as palavras "decepção abjeta" em sua reclamação central, Joanne encontrou tranquilidade e compreensão. Começou a perceber que, embora a mãe direcionasse as palavras a ela, a ofensa não era pessoal. Agora, ao ouvi-las, sentia amor e compaixão pela mãe, pela avó e pela vida difícil que tiveram na Irlanda.

Ao analisar a reclamação central, não consideramos apenas a linguagem falada, mas a linguagem corporal somática ou física. Também prestamos especial atenção aos sintomas e aos comportamentos que se destacam como idiossincráticos ou incomuns. Por exemplo, Carson, um bombeiro de 26 anos, manifestou seu medo tanto física quanto verbalmente.

Ele tinha 24 anos quando seu carro derrapou contra a barreira de proteção da estrada e quase caiu do penhasco. Por pouco, Carson conseguiu refrear o veículo e dirigir em segurança até seu destino, mas qualquer sensação de controle em sua vida desapareceu. Desde aquele dia, começou a ter ataques de pânico diários. Junto com tremores e vertigem, havia o nítido sentimento de que, se morresse, sua vida não teria valido nada. Especificamente, as palavras de sua reclamação central foram: "Se eu morrer, não vou deixar nenhum legado. Ninguém vai se lembrar de mim. Partirei como se nunca tivesse existido. Não vou deixar uma boa impressão." O estranho era que seus arrependimentos pertenciam a um homem de 26 anos. Sua vida mal começara, e lá estava Carson, lamentando toda uma existência de remorsos. Era evidente que algo não se encaixava.

Ao perscrutar uma reclamação central, confiamos nas palavras de forma implícita, mas nem sempre fazemos o mesmo com o contexto. As palavras em si costumam ser verdadeiras para alguém — não necessariamente para nós. A fim de descobrir quem é essa pessoa, precisamos espreitar os bastidores da história familiar.

Para Carson, essa pessoa ausente era o pai. Quando tinha 4 anos, seus pais passaram por um divórcio conturbado, e a mãe exigiu que o pai abdicasse dos direitos parentais. Após uma longa e malsucedida batalha pela custódia, ele finalmente cedeu e nunca mais viu o filho. Além da mãe depreciar o pai, o novo marido adotou Carson, que recebeu seu sobrenome.

Analisemos novamente a linguagem da reclamação central de Carson: "Não vou deixar nenhum legado. Ninguém vai se lembrar de mim. Partirei como se nunca tivesse existido. Não vou deixar uma boa impressão."

Agora, sua história assume uma nova perspectiva. Fundido com a realidade paterna da perda de "legado" — o filho —, Carson encontrou um modo velado de se juntar ao pai ausente. Ele compartilhou os sentimentos da dolorosa experiência paterna, com o receio de que também fosse subitamente esquecido.

Após descobrir a origem de sua reclamação central, Carson decidiu localizar o pai e retomar o contato. Ele se mudara para outro estado e tinha três filhos com uma segunda esposa, mas ficou extasiado. O vazio de perder o primeiro filho vinte anos antes persistiu, "abrindo um buraco" em seu coração, como descreveu. Algo tangível, embora profundamente submerso, também permaneceu dentro de Carson. Era o amor pelo pai.

Como dizem, *a história é escrita pelos vencedores*, por aqueles que permanecem para narrá-la. Não importa o quão enviesada ou unilateral ela seja, raramente consideramos como seria contada pelo outro lado. No caso de Carson, a mãe foi a vencedora e o pai, o perdedor, visto que não estava presente para criar o filho. Ambos lutaram pela custódia, mas, por razões desconhecidas, o pai perdeu.

Carson percebeu que os anos de histórias negativas contadas pela mãe haviam ofuscado as primeiras lembranças paternas. Nos meses seguintes, ele e o pai criaram novas memórias, acampando e pescando nas montanhas que frequentavam quando era pequeno. Durante esse período, seus ataques de pânico desapareceram completamente. Juntos, pai e filho começaram a criar um novo legado substancial.

A seguir, disponibilizo o primeiro exercício escrito. Pegue uma caneta e um papel, ou bloco de notas, e vamos começar.

Exercício Escrito Nº 1: Investigando Sua Reclamação Central

1. Concentre-se no problema mais urgente da sua vida no momento. Pode ser de saúde, de trabalho, de relacionamento — qualquer um que afete sua segurança, sua paz ou seu bem-estar.

2. Qual é o problema mais profundo que você quer curar? Talvez seja um que pareça avassalador. Talvez um sintoma ou um sentimento que carrega há muito tempo.

3. O que você quer ver mudar?

4. Não meça palavras.

5. Escreva o que considera importante.

6. Escreva o que surge em sua mente. Por exemplo, talvez você carregue um medo de que algo terrível aconteça no futuro. Não importa o que emergir, apenas escreva.

7. Se nada lhe ocorrer, responda: se o sentimento, o sintoma ou a condição nunca desaparecer, o que você teme que aconteça?

8. Não continue a leitura até escrever sua preocupação mais premente.

Agora, analise o que escreveu. Não leia tão minuciosamente a ponto de deixar que o conteúdo o domine. Não se prenda a palavras ou sentimentos.

A Reclamação Central   93

Examine de forma despretensiosa, sem considerar as emoções. Você deve procurar palavras ou frases incomuns ou peculiares. Por exemplo, quais você sempre diz ou talvez nunca tenha dito antes desse exercício de escrita? Qual linguagem parece se sobressair? Qual exige sua atenção?

Leia de novo. Desta vez, em voz alta. Tente escutar de forma imparcial. Chamo esse tipo de audição de "metaouvido" ou "terceiro ouvido". Quais palavras ou frases têm uma qualidade de urgência? Quais têm uma forte ressonância emocional ou um sentimento expressivo? Quais despertam estranheza ou peculiaridade? Quais podem não se encaixar totalmente no contexto de sua experiência de vida?

Tente escutar o que escreveu como se estivesse ouvindo outra pessoa. Talvez as palavras realmente pertençam a outrem, e você apenas lhe deu uma voz. Talvez sejam de algum familiar traumatizado que não conseguiu pronunciá-las. Talvez, por meio de suas reclamações, você esteja contando a história dessa pessoa, da mesma forma que Carson compartilhava da angústia do pai.

Ouça o mais profundamente possível para verificar se algo prende sua atenção. Nesse tipo de escuta, a fim de identificar o essencial, você deve *ouvir o que está por trás do enredo*. Caso se perca nos elementos emocionais da história, talvez deixe de notar a reclamação central.

Bert Hellinger retrata este tipo de escuta da seguinte forma:

Descreverei o que acontece quando trabalho com alguém. A pessoa me contará algo sobre si mesma e ouvirei pela metade. Não quero escutar ou saber exatamente o que ela está dizendo. Portanto, não ouço a ponto de me concentrar, apenas o suficiente para captar o quadro geral. Então, repentinamente, a pessoa pronuncia uma palavra que chama minha atenção. De súbito, por trás de tudo o que está dizendo, há uma palavra que se destaca, que tem força. Sem nem sequer saber o que farei, constato que esse é o local onde posso agir. Se eu permitir que essa palavra me afete, terei uma ideia do que é necessário para a resolução.[1]

Sandy: "Vou Morrer"

Agora, esmiuçaremos a queixa central de uma mulher que chamarei de Sandy. Assim como Gretchen, ela foi uma criança com uma história enraizada no Holocausto. Filha de um sobrevivente, Sandy queria ajuda para entender seu medo avassalador da morte, então exploramos um pouco sua linguagem central.

Ela descreveu seu medo como "não da morte em si, mas de saber que vou morrer e não posso fazer nada para impedir. Isso foge totalmente do meu controle".

Sandy também queria ajuda com seu medo debilitante de espaços fechados, que a impedia de viajar de avião e usar elevadores. Sempre que a porta de um elevador fechava ou o avião lotava, com "um monte de gente obstruindo a saída", um pânico profundo se instalava. Sua reclamação central dizia tudo: "Não consigo respirar. Não consigo sair. Vou morrer."

Aos 19 anos, a claustrofobia e a sensação de não conseguir respirar começaram. O pai dela tinha a mesma idade quando os pais e a irmã mais nova dele foram asfixiados na câmara de gás de Auschwitz. Depois que o pai faleceu, havia dez anos, os sintomas de Sandy pioraram. Embora uma ligação parecesse óbvia para mim, já que trabalhei com muitos descendentes de vítimas e sobreviventes do Holocausto, ela nunca fez a conexão de que carregava o pânico dos avós e da tia. Talvez até carregasse a culpa do pai de ter sido o único da família a sobreviver.

Reconsideremos a linguagem central de Sandy: *"Saber que vou morrer e não posso fazer nada para impedir. Isso foge totalmente do meu controle."*

Evidentemente, os avós e a tia se sentiram da mesma forma no campo de extermínio ou a caminho da câmara de gás.

Dentro da câmara de gás, com *"um monte de gente obstruindo a saída"*, qualquer um deles pode ter sentido um pânico incomensurável. A linguagem central de Sandy revelava o resultado terrível: *"Não consigo respirar. Não consigo sair. Vou morrer."* A conexão se tornou evidente para ela. O pânico de seus ancestrais se manifestava em seu interior. Embora soubesse dos trágicos acontecimentos em sua família, nunca fizera a conexão de que poderia ser a portadora de um sofrimento que não lhe pertencia. Agora isso estava claro.

Em nossa sessão, pedi a Sandy que visualizasse a tia e os avós parados na sua frente e conversasse com eles. Com meu incentivo, ela disse: "Assim como vocês, estou aterrorizada. Consigo perceber que esse pavor não pertence a mim. Carregá-lo não ajuda ninguém, nem a vocês nem a mim. Sei que não desejam isso para mim e que é um fardo me ver tão ansiosa. Em vez disso, vou deixar esses sentimentos de ansiedade com vocês, vovó, vovô e tia Sarah." Seus olhos lacrimejaram ao imaginar os três sorrindo e abençoando sua felicidade. Sandy imaginou seu corpo se inundando com o amor que a enviavam. Finalmente, capaz de identificar a origem de sua claustrofobia e seu medo da morte, ela pôde sentir o peso de seus temores se dissipar.

Lorena: "Vou Enlouquecer"

Muitos de nós carregamos um medo de que algo horrível aconteça no futuro. Esse temor costuma se revelar em nossa reclamação central.

Lorena tinha 19 anos e sofria de ansiedade e ataques de pânico em situações sociais. Sempre que estava com amigos, se sentia "presa" e incapaz de "sair". Fazia três anos que percebera a ansiedade pela primeira vez, mais ou menos na mesma época em que enfrentava uma persistente infecção urinária. Ela recordou as consultas a vários médicos, e nenhum dos medicamentos prescritos parecia amenizar os sintomas.

Lorena descreveu a parte mais terrível — o medo de que nada nem ninguém pudesse ajudá-la e que a infecção nunca desaparecesse. Embora tenha se curado, sua ansiedade continuou a aumentar.

Nossa conversa se desenrolou da seguinte forma:

MARK: E se a infecção urinária nunca desaparecer?

LORENA: Vou sentir dor e ficar depressiva. Vou ter que buscar ajuda médica toda hora. Minha vida será limitada e não serei feliz. Nem bem-sucedida. Vou ficar ansiosa o tempo todo. Serei uma fracassada.

Ao ouvir a linguagem central de Lorena, alguma palavra se destaca? Talvez "limitada" ou "fracassada"? Observe como essas palavras nos levam a uma nova direção, além da infecção urinária. Por um momento, esqueçamos as impressões que temos de Lorena e sua infecção e permitamos que a força de suas palavras nos conduza.

Lorena se aproximava de sua linguagem central, mas ainda não tinha alcançado o ponto. A fim de ajudá-la a aprofundar, pedi que descrevesse a pior coisa que poderia acontecer a outra pessoa. Quando chegamos a um impasse ao tentar articular nosso pior medo, costuma ser útil recuar e imaginar a pior coisa que poderia acontecer a alguém além de nós. Acompanhemos a percepção de Lorena.

MARK: Qual a pior coisa que poderia acontecer a alguém que não seja você?

LORENA: Não ser bem-sucedido. Nem feliz. Não fazer o que deseja. Enlouquecer. Ficar como um eremita. Acabar em um hospital psiquiátrico e, por fim, cometer suicídio.

Perceba a força das palavras "enlouquecer"; "acabar em um hospital psiquiátrico"; "cometer suicídio".

Juntemos as peças para ver o que descobrimos. Temos uma "fracassada" com uma vida "limitada", que começa a "enlouquecer" até "acabar em um hospital psiquiátrico", onde, por fim, vai "cometer suicídio". Talvez nos perguntemos de onde vêm todas essas informações. Averiguemos.

À medida que retirava as camadas da reclamação central, Lorena encontrou seu medo mais profundo e se deparou com sua sentença central, a qual detalharemos no Capítulo 8.

Sentenças Centrais de Lorena: "Serei uma fracassada. Vou enlouquecer, acabar em um hospital psiquiátrico e, por fim, cometer suicídio."

No processo de seguir seu mapa da linguagem central, Lorena também descobriu um importante trauma familiar.

Vamos abrir o álbum de família de Lorena e permitir que as palavras de seu pior medo nos guiem. Essas palavras podem se transformar em um

A Reclamação Central 97

questionamento sobre a história familiar que nos levará à próxima parada, o qual chamo de *pergunta transicional*.

Pergunta Transicional de Lorena: "Havia alguém em sua família que era considerado um fracassado, acabou em um hospital psiquiátrico e cometeu suicídio?"

Em cheio! O avô materno de Lorena era desrespeitado e considerado o fracassado da família. Ele vivia em hospitais psiquiátricos. Por fim, cometeu suicídio enquanto estava internado. Na geração seguinte, a tia de Lorena, irmã mais velha de sua mãe, também foi rejeitada pela família como "a fracassada maluca", vivendo em hospitais psiquiátricos. Envergonhados com seu comportamento, os familiares raramente falavam dela. Sem admitir, esperavam que cometesse suicídio, como seu pai.

Quando alguns parentes levam uma vida infeliz ou sofrem um destino muito difícil, geralmente é mais simples rejeitá-los do que sentir a dor de amá-los. A raiva costuma ser uma emoção mais fácil de sentir do que a tristeza. Parece que foi o caso do tratamento irascível que a família despendeu a essa tia. Era mais fácil rejeitá-la do que amá-la.

Como vimos no Capítulo 3, os destinos de parentes rejeitados costumam ser reproduzidos. Foi o que aconteceu com o rejeitado avô "fracassado" e, na geração seguinte, com a rejeitada tia "fracassada". Agora, Lorena estava na linha sucessória para completar o trio de "fracassados", prolongando a dor até a terceira geração.

Pode ser muito difícil passar pelo luto de um suicídio. Muitas vezes, os parentes ficam zangados com a pessoa que tirou a própria vida e partiu de forma trágica. Além disso, as consequências do suicídio — vergonha, constrangimento, imagens horrendas, questões pendentes, dívidas financeiras, incerteza religiosa — ficam para a família resolver.

O destino de Lorena era iminente, mas não imutável. Ao compreender que os medos que carregava não se originavam dela, conseguiu deixá-los com seus legítimos donos. Pedi que visualizasse o avô e a tia parados na sua frente. De forma espontânea, Lorena expressou sentimentos genuínos de amor por ambos. Imaginou que apoiavam seu bem-estar e que, pela expiração, ela poderia simplesmente expulsar a ansiedade de seu corpo e devolvê-

-la a eles. Respirou por vários minutos, relatando que seu corpo estava mais leve e em paz. Pediu as bênçãos de ambos para que pudesse ter uma vida feliz, embora não tivessem encontrado a felicidade. Lorena percebeu que não adiantava carregar sua ansiedade, pois isso só trouxe dor para a família. Prometeu a ambos que não a carregaria mais, e imaginou uma situação de ansiedade futura na qual poderia devolver qualquer ansiedade residual para eles. Após uma única sessão, ela se livrou do pânico que a dominava.

Quando me perguntam como a pesquisa em desenvolvimento sobre neuroplasticidade se relaciona à minha própria experiência clínica, muitas vezes penso em Lorena. Sua capacidade de mudar de um estado predominantemente ansioso para um mais pacífico e equilibrado ilustra a sofisticada maneira como a história pessoal da família e a consciência atual podem se unir. Assim que as conexões essenciais são feitas e praticamos o foco em imagens e experiências curativas, estabelecemos as bases para novas vias neurais. A cura pode, então, ser surpreendentemente eficiente.

A Linguagem Central É uma Bússola

Às vezes, a linguagem de nossa reclamação central é tão intrigante que nos força a escavar o cemitério da família à procura de respostas. No entanto, é comum que a história familiar buscada não esteja prontamente disponível. Mascarada pela vergonha, afastada pela dor ou protegida sob a forma de um segredo, é improvável que essa informação seja mencionada à mesa de jantar. Às vezes, conhecemos a história traumática por trás de nosso problema, mas nem sempre fazemos a ligação com nossas experiências atuais.

Assim como uma bússola, a linguagem da reclamação central pode nos guiar por gerações de angústia familiar inexplicada. Talvez um evento traumático esteja esperando para ser lembrado, explorado e, finalmente, enterrado.

A seguir, disponibilizo uma lista de perguntas que podem ajudar a descobrir a linguagem da reclamação central. Responda com o máximo de detalhes possível. Mantenha a mente aberta. Não modifique as respostas, pois elas podem evidenciar uma conexão entre um problema atual e um trauma familiar.

Exercício Escrito Nº 2:
Dez Perguntas que Suscitam a Linguagem Central

1. O que estava acontecendo em sua vida quando seu sintoma ou problema apareceu pela primeira vez?

2. O que estava acontecendo antes disso?

3. Quantos anos você tinha quando começou?

4. Algo traumático aconteceu a algum parente quando ele tinha a mesma idade?

5. O que exatamente se passa nesse problema?

6. Qual é a sensação nos piores momentos?

7. O que acontece pouco antes da sensação ou do sintoma?

8. O que ameniza ou agrava o problema?

9. O que o problema ou o sintoma o impede de fazer? O que o obriga a fazer?

10. Se a sensação ou o sintoma nunca desaparecer, qual seria a pior coisa que poderia acontecer com você?

Agora, leia as respostas. A seguir, há alguns temas que constatei se repetirem nas famílias. Você reconhece algum deles na sua?

- **Linguagem repetida:**

  Existe uma linguagem que não parece se encaixar no contexto da sua experiência de vida? Em caso afirmativo, ela poderia pertencer a algum parente?

- **Idades repetidas:**

  Há alguma conexão entre a idade que você tinha quando seu sintoma ou problema apareceu pela primeira vez e a de um parente quando ele sofreu ou teve uma dificuldade? Se, por exemplo, seu pai morreu jovem, você pode desenvolver um problema ou sintoma que limita sua vida de alguma forma ao atingir a mesma idade. Inconscientemente, pode ser difícil para você ser feliz ou viver em plenitude quando tiver a mesma idade que ele quando faleceu. O seu problema ou sintoma pode ocorrer até mesmo quando seu filho chegar à idade que você tinha quando seu pai morreu.

- **Acontecimentos repetidos:**

  Às vezes, um medo, uma ansiedade ou um outro sintoma surge inesperadamente quando atingimos um determinado marco em nossa vida. Casamos ou temos um filho. Somos rejeitados por nosso parceiro ou nos mudamos da casa de nossos pais. Então, de repente, como se houvesse um despertador ancestral que começa a tocar interiormente, um sintoma aparece. Neste caso, devemos nos perguntar: algum parente sofreu de forma parecida ou enfrentou as mesmas dificuldades em um acontecimento semelhante?

- **Emoções, comportamentos e sintomas repetidos:**

  Reflita. O que desencadeou seu problema ou sintoma? O que estava acontecendo em segundo plano? Alguém o deixou? Você se sentiu desprezado, rejeitado ou abandonado? Aconteceu algo que o fez querer desistir? O seu problema ou sintoma reproduz ou recria determinada experiência ou situação da sua primeira infância? É parecido com um acontecimento na história familiar? Assemelha-se a algo que ocorreu com sua mãe, seu pai, sua avó ou seu avô?

As respostas a essas perguntas podem evidenciar indícios significativos de uma conexão familiar.

Reclamações e Sintomas como Indícios para a Solução

Que qualidade específica ou mensagem essencial a reclamação ou o sintoma tenta manifestar? Quando observada de uma perspectiva externa, sua reclamação ou sintoma consiste em uma expressão criativa que o faz concluir, curar, integrar ou separar-se de algo — talvez um sentimento assumido que nunca pertenceu a você.

Pode ser que o seu sintoma ou problema esteja forçando-o a dar um passo que você não deu e que não pode mais ser ignorado. Talvez seja uma solicitação para que conclua uma etapa de desenvolvimento que foi interrompida na infância. Talvez seu sintoma ou problema recrie um estado de desamparo a fim de aproximá-lo de seus pais. Ou, inversamente, force seu crescimento e sua autonomia em relação a eles.

Talvez seja um sinal de que você precisa terminar uma tarefa ou seguir um caminho que abandonou. Pode ser que tenha ignorado uma parte jovem ou fragmentada de si mesmo que se manifesta por meio de sintomas. Talvez tenha negligenciado um limite pessoal que não pode mais ser menosprezado.

Os sintomas e as reclamações também podem nos levar a reparar um relacionamento desfeito ou nos ajudar a curar um trauma pessoal, forçando-nos a enfrentar sentimentos que há muito reprimimos. Além de um insight sobre o trauma familiar que não foi totalmente resolvido, eles podem nos oferecer um sobre a culpa pessoal que carregamos, talvez até evidenciando o caminho para a reconciliação.

As reclamações, os sintomas e os problemas podem indicar a direção do que ainda não foi solucionado, ajudando a revelar um aspecto despercebido ou nos conectando com algo ou alguém rejeitado por nós ou nossa família. Quando paramos para explorá-los, aquilo que está pendente pode vir à tona, acrescentando uma nova dimensão ao processo de cura. Assim, emergimos com a sensação de que somos mais plenos e completos.

Capítulo 7

Os Descritores Centrais

... as palavras, assim como a Natureza, parte revelam, parte ocultam a Alma interior.

— Alfred, Lord Tennyson, "In Memoriam A.H.H."

Os sentimentos que temos em relação aos nossos pais são uma porta para a nossa essência e para os quatro temas inconscientes que abordamos no Capítulo 5, ajudando-nos a identificar quais deles agem em nossa vida. Neste capítulo, descreveremos nossos pais biológicos, algo que deve ser feito com desenvoltura. Ao percorrer os exercícios, descobriremos mais sobre nós mesmos do que sobre eles. Caso nunca tenha conhecido seus pais biológicos, avance para o próximo capítulo.

Descreva Sua Mãe

Faça uma pausa para descrever sua mãe na época em que você era criança. Como ela era? Quais adjetivos ou frases surgem em sua mente? Ela era afetuosa? Amorosa? Insensível? Distante? Feliz? Triste? Costumava abraçá-lo bastante ou raramente? Em seu bloco de notas, anote seus primeiros pensamentos, as primeiras palavras que vierem à mente.

Exercício Escrito Nº 3: Descrevendo Sua Mãe

Minha mãe era...

Escreva também pelo que você a culpa.

Culpo minha mãe por...

Escreva todas as respostas. Não deixe que pairem em sua mente. É essencial que você as anote à medida que surgirem.

Descreva Seu Pai

Agora faça o mesmo com seu pai. Como você o descreveria? Ele era gentil? Tranquilo? Severo? Crítico? Era presente ou ausente? Escreva todas as respostas. Não as modifique.

Exercício Escrito Nº 4: Descrevendo Seu Pai

Meu pai era...

Escreva também pelo que você o culpa.

Culpo meu pai por...

Ao adentrar o fluxo, talvez você queira descrever seu parceiro, caso esteja em um relacionamento, ou até mesmo um amigo próximo ou seu chefe.

Exercício Escrito Nº 5: Descrevendo Seu Parceiro, Amigo ou Chefe

Meu parceiro, amigo ou chefe é...

Eu o culpo por....

Os Descritores Centrais   105

Agora, analisemos as revelações em suas respostas. Denomino essas frases e esses adjetivos espontâneos e improvisados de *descritores centrais*. Eles são a porta para sentimentos inconscientes, podendo desvelar emoções sobre nossos pais que talvez desconheçamos.

Fazer uma lista improvisada de adjetivos e frases nos dá a possibilidade de contornar a versão adulta racionalizada e aperfeiçoada de nossa história de infância, fazendo com que nossas verdadeiras atitudes emerjam desprovidas da censura e dos filtros usuais. Essa lista pode nos conectar à lealdade e às alianças inconscientes que compartilhamos com nossos pais, além de revelar como rejeitamos um ou ambos, ou como adotamos os mesmos comportamentos que julgamos negativos. Esses descritores não mentem, pois advêm de uma imagem interior que carregamos e que formamos há muito tempo, talvez para nos proteger da mágoa.

Na infância, nosso corpo registrava as informações que recebíamos, armazenando-as sob a forma de estados emocionais. Os adjetivos nos levam de volta a eles e às imagens que os acompanham, sendo significativos para evidenciar imagens antigas que impedem nosso progresso.

Muitos de nós guardamos imagens dolorosas, da insuficiência de nossos pais, da frustração de não recebermos o necessário. Se não forem controladas, essas imagens interiores podem nos conduzir, formando um blueprint de como nossa vida prosseguirá. Além disso, elas estão incompletas, pois uma verdade essencial está faltando. Que eventos traumáticos se escondem por trás dessas imagens poderosas o suficiente para atrapalhar o fluxo de amor em nossa família?

Averigue as palavras que escreveu. Você ainda guarda ressentimentos de seus progenitores? Há acusações? Em caso afirmativo, você já deve ter percebido que as reclamações contra seus pais são as mesmas dirigidas a seu parceiro ou amigo. Com frequência, nosso descontentamento parental é projetado nos relacionamentos íntimos e de amizade. A pendência com nossos pais não desaparece automaticamente. Ela serve como base para nossos relacionamentos posteriores.

Se tivermos um relacionamento difícil com nossos pais, os descritores centrais revelarão os ressentimentos remanescentes, que corroem nossa paz interior. As pessoas que acham que não receberam o suficiente dos pais, principalmente da mãe, costumam acreditar que não recebem o suficiente da vida.

Quando temos um relacionamento próximo com nossos progenitores, os descritores centrais revelam o afeto e a compaixão que sentimos por eles. Quando nos sentimos positivos em relação a nossos pais, tendemos a ser otimistas com a vida e a confiar que nosso caminho será favorável.

Às vezes, nossos descritores centrais revelam emoções ambivalentes. Na maioria dos casos, as pessoas nutrem sentimentos discrepantes pelos pais, mas um tema ou fio condutor essencial da linguagem central costuma despontar como não resolvido. E é isso que procuramos. Para alguns, as ações parentais ainda são sentidas como ataques pessoais ou rejeições.

Acompanhemos a descrição materna de duas irmãs, que tiveram infâncias distintas:

PRIMEIRA IRMÃ: "Solitária, triste, frustrada, severa, violenta e mal-humorada."

SEGUNDA IRMÃ: "Cruel, vingativa e emocionalmente abusiva."

Nas palavras da primeira irmã, a descrição da mãe é meramente expressa como uma verdade. Na da segunda irmã, a dor ainda é pendente e carregada na forma de acusações e julgamentos contra a mãe, cujas ações são sentidas como propositalmente dirigidas a ela. A segunda irmã se sente perseguida, enquanto a primeira relata fatos. Ainda que uma mãe seja violenta e mal-humorada, podemos estar em paz com ela. É evidente que a segunda irmã, que considera a mãe intencionalmente cruel, não sente essa paz.

Só podemos imaginar o quão diferente as duas irmãs viviam. Embora compartilhassem a mesma mãe, cada uma carregava sua própria versão dela. A segunda irmã teve uma vida cruel e abusiva. Sentia-se emocionalmente esgotada, desamparada e ficava sozinha a maior parte do tempo.

Às vezes, sentimos amor por apenas um dos nossos pais. Kim, que preferia o pai, queixava-se: "Minha mãe era infantil, como uma garotinha. Nunca poderia contar com ela para nada." Em contraste, seus principais descritores paternos eram elogiosos: "Papai era maravilhoso. Fazíamos tudo juntos. Sempre me proporcionava conforto e cuidado. Ele deveria ter deixado minha mãe há muito tempo. Nunca recebeu o amor que precisava dela."

Subjacente ao ressentimento de Kim, havia muita mágoa acumulada, somada ao sentimento de deslealdade em desejar que o pai abandonasse a mãe. O vazio e a desconexão de Kim impregnavam sua linguagem central.

Ao colocar um dos pais contra o outro, contrariamos a fonte de nossa própria existência e, inconscientemente, criamos um abismo interior. Esquecemos que metade de nós vem de nossa mãe e a outra, de nosso pai. O ressentimento de Kim apenas fomentava sua inquietação e autodepreciação. Era uma prisão cuja única saída consistia na autoconsciência.

Muitos ficam obcecados por uma ação parental que acreditam ter arruinado sua vida. Permitimos que essas memórias, precisas ou deturpadas, substituam as coisas boas que nossos pais nos proporcionaram. Involuntariamente, no processo parental, eles causam dor aos filhos. É inevitável. O problema não é o que fizeram conosco, mas como nos atemos a isso. Em geral, quando nos prejudicam, não é intencional. A maioria acha que não recebeu o suficiente. No entanto, estar em paz com nossos pais é estar em paz com o que recebemos e o que deixamos de receber. Ao assumir essa perspectiva, nos fortalecemos a partir deles, que desejam apenas o melhor para nós, mesmo que nem sempre demonstrem.

Descritores Centrais Comuns de uma Ruptura Precoce no Vínculo

Muitos de nós sofremos uma ruptura precoce no vínculo materno, o que acarreta uma dificuldade de encontrar paz, de ter uma base sólida. A seguir, há alguns descritores centrais comuns às pessoas que vivenciaram essa situação.

- "Minha mãe era insensível e distante. Nunca me acalentava. Eu não confiava nela."

- "Minha mãe estava sempre ocupada, nunca tinha tempo para mim."
- "Minha mãe e eu somos muito próximos. Cuido dela como uma irmã mais nova."
- "Minha mãe era fraca e frágil. Eu era muito mais forte do que ela."
- "Nunca quero ser um fardo para minha mãe."
- "Minha mãe era distante, emocionalmente indisponível e crítica."
- "Ela sempre me afastou. Na verdade, não se importa comigo."
- "Não estabelecemos uma relação."
- "Sinto-me muito mais próximo da minha avó. Foi ela quem me criou."
- "Minha mãe é totalmente egocêntrica. Tudo gira em torno dela. Nunca me demonstrou amor."
- "Ela pode ser muito calculista e manipuladora. Não me passava segurança."
- "Tenho medo dela. Sempre foi imprevisível."
- "Não somos próximos. Ela nunca agiu como mãe."
- "Nunca quis ter filhos. Não tenho instinto materno."

É possível perceber a mágoa nesses descritores centrais? No Capítulo 11, analisaremos detalhadamente a linguagem central da separação e descobriremos como reconstruir a relação com nossa mãe.

É importante salientar que nem todos que sofreram uma ruptura precoce no vínculo ficam ressentidos. É comum que a mãe seja profundamente amada e considerada uma pessoa confiável. Pode ser que, após a ruptura, a criança, sem saber, se feche ao apoio da mãe e passe a tentar cuidar dela como uma forma de estabelecer um vínculo.

Às vezes, a ruptura é tão precoce que não há memória cognitiva da experiência. Entretanto, as memórias corporais da separação podem ser desencadeadas quando vivenciamos um vínculo ou um distanciamento nos relacionamentos. Sem nunca entender o motivo, somos arrebatados por sentimentos de pavor, dissociação, torpor, desconexão, fracasso e ausência.

A Carga Emocional nos Descritores Centrais

A carga emocional nos descritores centrais pode funcionar como um barômetro para medir a cura necessária. Em geral, quanto mais forte a carga negativa, mais nítida a direção da cura. Devemos buscar palavras que contêm uma carga emocional significativa.

Sinta a carga emocional nas palavras de um homem de 27 anos que descreveu seu pai alcoolista:

"Meu pai é um bêbado. Uma pessoa totalmente inútil. Ele é um idiota, um fracassado. Nunca se fez presente para minha mãe ou para nós. Era abusivo e violento com ela. Não tenho nenhum respeito por ele."

Subjacente a palavras como "bêbado", "inútil", "idiota" e "fracassado", está a mágoa do filho. A raiva e o torpor do jovem são apenas as camadas superiores, sentimentos muito mais fáceis de aceitar do que a tristeza e a dor. Em seu âmago, é provável que ele fique arrasado sempre que vê o pai bebendo.

Também é possível perceber os sentimentos da mãe em relação ao pai nas seguintes palavras: "Nunca se fez presente para minha mãe ou para nós." As palavras "inútil" e "nunca se fez presente" provavelmente foram ditas pela genitora. O fato de ela ter se fechado para o marido dificultou a abertura do filho, que parecia leal à mãe, mas, na realidade, compartilhava da situação do pai. Ele também bebia e chegou a se enfurecer com a namorada até ser expulso, assim como a mãe fez com o pai. Dessa forma, o filho, sem querer, teceu um fio oculto que o atrelava ao pai, certificando-se de que sua vida não fosse melhor que a dele. O sofrimento paterno foi reproduzido até a restauração do relacionamento. O retorno do pai à vida do filho possibilitou escolhas mais saudáveis.

Quando um progenitor é rejeitado ou desrespeitado, um dos filhos frequentemente o representa ao compartilhar os comportamentos repudiados. Ao sofrer de forma semelhante, a criança se iguala a esse responsável. É como se afirmasse: "Vou passar pelo mesmo para que você não sofra sozinho." Ao assumir essa lealdade, a criança prolonga o sofrimento até a geração seguinte, que, em geral, não é a última a herdá-lo.

A reconciliação com nossos pais é essencial, pois, além de proporcionar paz interior, possibilita que a harmonia alcance as gerações seguintes. Quando somos flexíveis em relação aos nossos pais e esquecemos a história que nos atrapalha, temos mais chances de interromper a repetição desnecessária do sofrimento geracional. Embora no início pareça desafiador (ou até impossível), tenho testemunhado as recompensas inesperadas de uma conexão parental restabelecida, incluindo resultados positivos na saúde, nos relacionamentos e na produtividade.

Alterando a Imagem Interior Relacionada aos Progenitores

1. Leia seus descritores centrais novamente. Desta vez, em voz alta.

2. Escute de forma diferente. Há algo novo?

3. As palavras com carga emocional evidenciam sentimentos pendentes em relação aos seus pais?

4. Ao ler os descritores, sinta seu corpo. Ele está tenso ou relaxado? E sua respiração? Está normal ou ofegante?

5. Observe se há algum aspecto interior que você deseja mudar.

Os descritores centrais são uma etapa valiosa na reconstrução do relacionamento parental. Não importa se seus pais estão vivos; após decifrar seus descritores centrais, os sentimentos, as atitudes e os julgamentos negativos em relação a eles podem finalmente mudar. Lembre-se: quanto maior a carga emocional nas palavras, mais profunda é a dor. Muitas vezes, há uma mágoa subjacente às palavras irascíveis. A tristeza pode não matar, mas a raiva, sim.

A imagem parental pode afetar a qualidade de vida. A boa notícia é que essa imagem interna, quando revelada, pode ser alterada. Não podemos mudar nossos pais, mas podemos mudar a forma como os preservamos dentro de nós.

Capítulo 8

A Sentença Central

A própria caverna que se teme adentrar guarda o tesouro que se está buscando.

— **Joseph Campbell,** *Reflections on the Art of Living*

Se você sofre de medo, fobia, ataques de pânico ou pensamentos obsessivos, sabe muito bem como é se sentir aprisionado na sua vida interior. Os momentos difíceis pelos quais passamos internamente — a preocupação constante, as emoções avassaladoras, as sensações inquietantes — podem parecer uma sentença de prisão perpétua, embora nenhum julgamento tenha ocorrido. O medo e a ansiedade estreitam o mundo e sugam a vitalidade, restringindo os dias vindouros. É exaustivo viver dessa forma.

Encontrar uma saída é mais simples do que parece. Basta "cumprir a pena" com um tipo diferente de "sentença de prisão perpétua" — decretada por seu pior medo. É provável que ela esteja com você desde a infância. Quer seja proferida ou não, essa sentença agrava o desespero. Porém, ao mesmo tempo, pode conceder a liberdade para um novo mundo de compreensão e resolução. Ela é chamada de *sentença central*. Se o mapa da linguagem central é a ferramenta para localizar tesouros enterrados, ela é o diamante encontrado.

Identificação da Sentença Central

Antes de prosseguirmos, anote sua resposta à seguinte pergunta: qual é o seu pior medo, a pior coisa que pode acontecer com você? Provavelmente é um medo ou um sentimento que existe há muito tempo em sua vida. Você pode até sentir que nasceu com ele. Reformulemos a mesma pergunta: se sua vida desmoronar, se as coisas derem terrivelmente errado, qual é o seu pior medo? Qual é a pior coisa que pode acontecer com você? Escreva sua resposta.

Exercício Escrito Nº 6: Identificando Sua Sentença Central

Meu pior medo, a pior coisa que pode acontecer comigo é...

O que você acabou de escrever é a sua sentença central. Não avance antes de anotá-la.

Talvez sua sentença central comece com "Eu":

"Eu perder tudo."

Pode ser que o início seja com "Eles/Elas":

"Eles/Elas me destruírem."

Talvez comece com "Meu/Minha":

"Meu filho/Minha família/Meu cônjuge me abandonar."

A sentença central pode começar de inúmeras formas.

Agora, para aprofundar, responda à mesma pergunta novamente, mas, dessa vez, não meça palavras. Continue escrevendo até chegar no limite. A sua resposta desencadeará o processo de autodescoberta que continuaremos nas próximas páginas.

Exercício Escrito Nº 7: Ajustando Sua Sentença Central

A pior coisa que pode acontecer comigo é...

"Eu..."

"Eles/Elas..."

"Meu filho/Minha família/Meu cônjuge..."

Agora, analise sua resposta. Caso ache que atingiu seu limite, questione-se: e se isso acontecer? Qual é a pior parte?

Por exemplo, se escreveu: "Eu morrer", vá um pouco além. Se isso acontecer, qual é a pior parte?

"Minha família ficar sem mim."

Aprofunde mais um pouco. E essa é a pior parte do quê? "Meus familiares me esquecerem."

Você consegue perceber como a sentença "Meus familiares me esquecerem" têm um impacto maior do que as anteriores?

Faça outra pausa para delimitar e aprofundar a ressonância emocional da sua sentença central.

Exercício Escrito Nº 8: Aprofundando Sua Sentença Central

Meu pior medo absoluto é...

Vamos examinar mais uma vez a sua resposta. É provável que sua sentença central seja composta de três, quatro, cinco ou seis palavras. Como já mencionado, é comum que comece com "Eu" ou "Eles/Elas", mas outras formas são possíveis. Com frequência, a sentença está no presente ou no futuro, como se estivesse acontecendo ou prestes a acontecer. As palavras parecem estar vivas dentro de você, ressoando por seu corpo ao serem pronunciadas. Quando identificamos a sentença central, o impacto soa mais como um "estalido" no cristal do que um "baque" na madeira. A seguir, há alguns exemplos de sentenças centrais:

"Ficar sozinho."

"Eles/Elas me rejeitarem."

"Eles/Elas me abandonarem."

"Causar decepção."

"Perder tudo."

"Desmoronar."

"Ser culpado de tudo."

"Eles/Elas me desampararem."

"Eles/Elas me traírem."

"Eles/Elas me humilharem."

"Enlouquecer."

"Magoar meu filho."

"Perder minha família."

"Perder o controle."

"Fazer algo terrível."

"Magoar alguém."

"Não merecer viver."

"Ser odiado."

"Cometer suicídio."

"Eles/Elas me internarem."

"Eles/Elas me excluírem."

"Que essa situação nunca acabe."

A Sentença Central 117

Aprimorando Sua Sentença Central

Há mais uma etapa. Se você escreveu uma sentença como "Ficar sozinho", é necessário verificar todas as possibilidades de sentido para se certificar de que o estampido esteja na frequência mais alta.

Por exemplo, o sentido é "Ficar sozinho" ou se inclina mais para "Eles/Elas me abandonarem"? É "Eles/Elas me abandonarem", "Eles/Elas me rejeitarem" ou "Eles/Elas me desampararem"?

Do mesmo modo que seu oftalmologista examina e reexamina sua visão para definir o grau dos seus óculos, você deve verificar se as palavras se ajustam perfeitamente aos sentimentos interiores. Continue a avaliação. O sentido da sua sentença central é "Eles/Elas me abandonarem" ou "Ser abandonado"? Seu corpo evidenciará quais são as palavras certas pela vibração causada internamente. Ao serem pronunciadas, elas provocam uma reação física — geralmente ansiedade ou desassossego.

Outras Formas de Identificar Sua Sentença Central

Se você tentou escrever a sentença central e nada lhe ocorreu, responda à seguinte pergunta: qual é a pior coisa que pode acontecer a alguém? Outra pessoa. Não você. Talvez venha à mente uma notícia terrível sobre um desconhecido. Ou talvez uma fatalidade com um conhecido. O que aconteceu? Anote. A lembrança é importante. Pode até dizer algo sobre você.

Muitas vezes, a tragédia alheia reflete uma faceta de nossos piores medos. Dentre a variedade de imagens dolorosas à nossa volta, aquela com a qual nos familiarizamos ou, melhor, aquela que nos é *familiar* tende a nos comover. Considere-a a porta dos fundos para a psique familiar. De todas as fatalidades alheias, aquela que nos parece a mais terrível provavelmente se relaciona a um evento traumático em nosso sistema familiar ou a um trauma pessoal. Em geral, a identificação com a tragédia de outra pessoa indica que, em algum nível, algo dela nos pertence.

Ainda há outra maneira de chegar à sentença central. Pense em uma cena de um livro, filme ou peça que o comoveu profundamente. Qual parte dessa cena o afetou mais? Se, por exemplo, você se identificou com uma história de crianças que estão sozinhas sem a mãe, o que despertou a emoção mais forte? O fato de a mãe ter abandonado os filhos? Ou o fato de as crianças estarem sozinhas, sem ninguém para cuidar delas?

Essa história de família pode suscitar a identificação em pessoas diferentes. Uma pode ser mais afetada pela ideia da mãe abandonar os filhos, e a outra, pela imagem das crianças que não têm ninguém para cuidar delas. Se perscrutássemos o sistema familiar da primeira pessoa, poderíamos encontrar um parente, talvez sua mãe, sua avó ou até ela mesma, que abandonou os filhos ou entregou uma criança para adoção. A culpa não reconhecida pode ressoar no sistema familiar da primeira pessoa, enquanto o profundo pesar por uma criança abandonada pode permear o sistema familiar da segunda. Imagens de livros, filmes e peças emocionalmente carregadas podem ser como tempestades que sacodem os frágeis frutos nos galhos mais ocultos de nossa árvore genealógica.

Uma Notícia que Se Torna Nossa História Familiar

Desde que conseguia lembrar, Pam tinha medo de que estranhos invadissem sua casa e a machucassem. Esse receio permanecia em segundo plano, como se fosse um barulho longínquo, até o dia em que ela leu uma notícia sobre um jovem somali que foi espancado até a morte por uma gangue em sua cidade. O medo, que antes era quase imperceptível, atingiu seu ápice, desencadeando uma torrente de pânico interna. Pam sentia que estava desmoronando, como se flutuasse para fora de seu corpo.

"Era só um garoto", disse. "Era inocente. Estava apenas no lugar errado, na hora errada. Tiraram sua vida e sua dignidade. Fizeram ele sofrer."

Sem saber, Pam também estava falando sobre o irmão mais velho de sua mãe, Walter, que morreu aos 11 anos. Ela tinha ouvido a história apenas uma vez, quando era criança. A família raramente tocava no assunto. Embora nunca tenha sido provado, a família suspeitava de homicídio.

Atraído para fora de casa pelos garotos da vizinhança, que costumavam provocá-lo, Walter foi encontrado morto no fundo do poço de uma mina abandonada. Caiu ou foi empurrado e os meninos, que devem ter fugido ao entrar em pânico, o deixaram lá para morrer. Passaram-se dias até que seu corpo fosse encontrado. Walter estava "no lugar errado, na hora errada".

A Linguagem Central Proveniente da Guerra

Quando nossos familiares morreram, sofreram ou perpetraram a violência de uma guerra, podemos herdar um campo minado de traumas. Ao não fazer a ligação consciente de que revivemos experiências traumáticas de décadas atrás, é provável que nos tornemos herdeiros de certos medos (ser sequestrado, expulso de casa, assassinado etc.), como se nos pertencessem.

Prak, um cambojano indisciplinado de 8 anos, nunca conheceu o avô, que foi assassinado pelo Khmer Vermelho. Acusado de ser espião da CIA, ele foi golpeado com uma foice, uma ferramenta agrícola semelhante a um machete. Prak machucava a cabeça constantemente, e seus pais, Rith e Sita — sobreviventes de primeira geração dos campos de extermínio —, procuraram ajuda. Apesar de cordiais, eles pareciam sobrecarregados pelo fardo que os unia. Em um inglês precário, contaram que deixaram o Camboja na adolescência, quase uma década após o fim da carnificina, e se mudaram para Los Angeles, onde deram à luz seu único filho. Agora, com 8 anos, Prak sofrera várias concussões. Seu pai, Rith, explicou que, deliberadamente, o filho corria e trombava a cabeça em paredes ou postes. Ele também "brincava" diariamente com um cabide, batendo-o contra o chão ou o sofá e gritando: "Mate! Mate!" De forma assombrosa, o comportamento do menino ecoava o assassinato do avô paterno. A linguagem central de Prak não se manifestava apenas verbalmente nas palavras "Mate! Mate!", mas também fisicamente, de duas maneiras perturbadoras. Ao golpear o cabide, ele reencenava, de modo sinistro, os golpes mortais desferidos pelo assassino. Ao machucar a própria cabeça, reencenava o ferimento sofrido pelo avô.

Em muitas famílias que passaram por eventos trágicos ou dolorosos, o passado tende a permanecer enterrado. Os pais, pensando que é melhor não expor os filhos a dores desnecessárias, costumam manter a boca — a porta do passado — bem fechada. Pensam que, quanto menos a criança sabe, mais protegida fica. Prak não sabia nada sobre os campos de extermínio, o assassinato e — o pior de tudo — o avô paterno. Na verdade, disseram-lhe que o segundo marido da avó era seu avô verdadeiro.

Infelizmente, manter o silêncio sobre o passado pouco contribui para resguardar a próxima geração. O que permanece oculto, da vista e da mente, raramente desaparece. Pelo contrário, muitas vezes reaparece nos comportamentos e nos sintomas dos descendentes.

Esclarecer esses conceitos para Rith e Sita não foi fácil. Era como se um véu cultural, uma mortalha de negação, proibisse qualquer discussão sobre o genocídio. "Apenas olhamos para o futuro — não para o passado", disse Sita. "Temos sorte de ter sobrevivido e de estar nos EUA", afirmou Rith. Foi apenas quando expliquei como, aparentemente, o passado permanecia vivo no sofrimento de Prak que Rith e Sita se prontificaram a dar os próximos passos.

"Volte para casa e conte a Prak sobre o verdadeiro avô", pedi a Rith. "Diga o quanto você o amava e sente saudades. Coloque uma foto do seu pai sobre a cabeceira da cama e explique que ele protege e abençoa a cabeça do neto durante a noite. Faça Prak entender que, se o avô abençoá-lo, não precisa mais machucar a própria cabeça."

A última etapa era a mais difícil de transmitir. Parecia-me que Prak se identificara não apenas com o avô, mas também com o assassino que desferiu o golpe mortal. Expliquei a Sita e Rith como aqueles que machucam nossos parentes pertencem a nosso sistema familiar, podendo ocorrer uma identificação quando são apagados de nossa consciência. Esclareci que os filhos dos perpetradores e das vítimas sofrem de maneira semelhante e que devemos ser benevolentes com todos os envolvidos. Indo mais além, afirmei que uma forma de apoio para ambos os filhos era rezar igualmente por aqueles que prejudicaram nossos familiares e por aqueles que nossos familiares prejudicaram. Sita e Rith compreenderam. Como budistas praticantes, disseram que levariam Prak ao templo e acenderiam um incenso para o pai de Rith e seu assassino, a fim de que os descendentes de ambas as famílias pudessem ser livres. Três semanas após a visita ao templo, e com a foto do avô o protegendo à noite, Prak entregou o cabide para Sita: "Mamãe, não preciso mais brincar com isso."

Dor Familiar, Silêncio Familiar

Gretchen, cuja história já conhecemos, carregava os sentimentos de ansiedade da avó, a única sobrevivente de uma família que morreu em Auschwitz. Incapaz de aceitar plenamente a dádiva de ter escapado do Holocausto, ela vivia como um fantasma, enquanto seus filhos e netos eram cautelosos para não aborrecê-la ainda mais.

A família morta era um assunto evitado. Caso contrário, o olhar da avó ficava vidrado e suas bochechas empalideciam. Era melhor deixar suas memórias guardadas. Talvez sentisse um desejo inconsciente de morrer como o restante da família. Duas gerações depois, Gretchen herdaria esses sentimentos e carregaria a imagem de querer ser incinerada do mesmo modo que os parentes.

Linguagem Central de Gretchen: "Vou me vaporizar. Meu corpo vai incinerar em segundos."

Assim que reconheceu seu enredamento no trauma da avó, Gretchen finalmente encontrou um contexto para compreender os sentimentos que carregava. Solicitei que fechasse os olhos e se imaginasse sendo acalentada pela avó e por todos os familiares judeus que nunca conheceu. Ao experimentar essa imagem reconfortante, relatou sentir-se em paz — algo atípico para ela. Percebeu que seu desejo de ser incinerada se relacionava aos parentes que literalmente morreram assim. Naquele momento, a ideação suicida se dissipou; não sentia mais necessidade de morrer.

Além da avó, Gretchen se identificara com os assassinos de seus parentes. Ao cometer suicídio, estaria inconscientemente reencenando a agressão cometida por eles. Tais identificações com perpetradores são comuns e devem ser consideradas quando comportamentos violentos se manifestam nas gerações posteriores.

Prisões do Medo

Steve sofria ataques de pânico sempre que visitava um novo lugar. Não importava se entrava em um novo prédio, conhecia um novo restaurante ou viajava para uma nova cidade, dissociava-se sempre que estava em um ambiente desconhecido. Descreveu sensações de "desmaio", uma tontura que causava um "apagão interno", como se o "céu se fechasse sobre ele". Além dessas sensações recorrentes, seu coração disparava e ele suava em bicas. Não conseguia pensar em nada que pudesse ter criado medos tão extremos durante sua infância. Na tentativa de fazê-lo se sentir seguro, sua esposa e filhos permaneciam presos com ele na constância do território familiar. Não tiravam férias, não iam a restaurantes, nada de surpresas.

Linguagem Central de Steve: "Vou desaparecer e ser dizimado."

Uma análise de sua história familiar revelou a origem da falta de segurança — a morte de 74 parentes no Holocausto. Eles foram literalmente retirados de seus lares, na vila em que sempre viveram, e se mudaram para "um novo lugar" — um campo de concentração — onde foram assassinados. Ao perceber a conexão compartilhada, Steve identificou o contexto dos ataques de pânico que limitavam sua vida. Após uma sessão, o medo desapareceu. Ao internalizar uma nova imagem de seus parentes em paz e abençoando sua liberdade, ele derrubou as cercas de arame farpado da sua antiga vida e adentrou uma nova, repleta de descoberta e aventura.

Assim como Steve, Linda tinha ataques de pânico que a impediam de se sentir segura. Mantinha-se em uma prisão de medos. "O mundo não é um lugar seguro", afirmou. "É preciso esconder quem você é. Se descobrirem muito, as pessoas podem te magoar." Desde sempre, tinha pesadelos em que era sequestrada por estranhos. Lembrava-se de que, quando criança, nunca queria dormir na casa de amigos. Mesmo depois dos 40 anos, raramente saía de casa. Da mesma forma que Steve, ela vivia em uma prisão cercada por medos que não conseguia relacionar a nenhum evento de sua infância.

Quando perguntei sobre sua história familiar, Linda se lembrou de que, quando menina, ouvira sobre a irmã da avó, que foi morta no Holocausto. Ao investigar o ocorrido, descobriu que ela estava escondida na casa de um vizinho até que um terceiro a entregou por ser judia. A tia-avó foi "sequestrada por estranhos" — soldados nazistas —, morta a tiros e jogada em uma vala.

Linguagem Central de Linda: "O mundo não é um lugar seguro. É preciso esconder quem você é. As pessoas podem te magoar."

Ao comparar sua própria linguagem central à tragédia familiar, Linda identificou um contexto para sua ansiedade. Imaginou-se em uma conversa, na qual a tia-avó se oferecia para protegê-la e ajudá-la a se sentir segura. Nessa nova imagem, Linda percebeu que poderia devolver a ansiedade à sua verdadeira origem — a tia-avó.

Embora muitos de nós não tenhamos familiares que sofreram ou morreram no Holocausto — ou no genocídio armênio, nos campos de extermínio do Camboja, na fome ucraniana imposta por Stalin, nos assassinatos em massa na China, em Ruanda, na Nigéria, em El Salvador, na ex-Iugoslávia, na Síria, no Iraque (a lista é extensa) —, os vestígios de guerra, violência, assassinato, estupro, opressão, escravidão, exílio, realocação forçada e outros traumas sofridos por nossos ancestrais podem infundir os muitos medos e ansiedades que acreditamos se originarem de nós. Nossa sentença central pode ser a ligação que possibilita a descoberta do que é passado e do que é presente.

Encontrando a Origem da Sentença Central

Em geral, uma sentença central invoca sentimentos e sensações de medo. Só de pronunciar suas palavras, observamos uma forte reação física em nosso corpo. Muitas pessoas relatam ondas sensoriais reverberando internamente ao lerem a sentença. Isso porque ela provém de uma tragédia não resolvida. A questão é: se não nos pertence, então é de quem?

Podemos ser a pessoa que pronuncia a sentença central e carrega seus medos, mas o medo original pode decorrer de uma tragédia que ocorreu muito antes de termos nascido. A pergunta é: a quem ele pertence?

Diga sua sentença central para si mesmo. Sinta sua vibração. Escute-a internamente. Por um instante, imagine que as palavras pertencem a outra pessoa. Você pode até reescrevê-las para visualizá-las à sua frente. Ouça a sentença dessa pessoa que passou por um grande trauma, carregou uma profunda dor ou culpa, morreu de forma violenta ou pesarosa, viveu uma vida de vazio ou desespero. Ela pode pertencer à sua mãe, ao seu pai, à sua avó, ao seu avô, ao seu irmão mais velho, a um tio ou a uma tia. E agora vive em você.

As sentenças centrais são como vendedores ambulantes que batem de porta em porta até que alguém os deixe entrar. Porém, essas portas são a psique daqueles que vêm depois em um sistema familiar. E o convite para entrar não é feito de forma consciente.

Parecemos compartilhar uma obrigação inconsciente de resolver as tragédias familiares do passado. Em uma tentativa inconsciente de curar a dor familiar, você pode compartilhar o luto irresolvido de sua avó pela morte da mãe, do marido ou do filho dela. O sentimento de "perder tudo" pode habitá-lo, manifestando-se no medo de se encontrar em uma situação semelhante.

Essas sentenças afetam a maneira como você se conhece, as escolhas que faz, a forma como sua mente e seu corpo reagem ao mundo circundante. Imagine o efeito de uma sentença como "Ela vai me deixar" ecoando na sua consciência após a pessoa dos seus sonhos pedi-lo em casamento. Ou considere o impacto de uma sentença como "Vou machucar meu filho" no complexo estado biológico e emocional de uma jovem futura mãe.

Ouça novamente as palavras da sua sentença central. Pronuncie-as em voz alta. Tem certeza de que são suas? Quem em sua família poderia ter motivos para se sentir da mesma forma?

Considere seus pais e avós. Eles vivenciaram um evento tão doloroso que se tornou um assunto evitado? Perderam um bebê recém-nascido ou sofreram um aborto? Foram abandonados por um grande amor ou perderam um dos pais ou um irmão quando eram jovens? Sentiram-se culpados por causar mal a alguém? Culparam-se por algo?

Se nada vier à mente, procure em outra geração — seus bisavós, um tio ou uma tia.

Para encontrar paz, Zach teve que voltar duas gerações. Ele tinha sorte de estar vivo. Após várias tentativas de suicídio, finalmente decidiu abrir a porta do passado familiar.

Sua sentença central sempre esteve com ele. Desde a infância, sentia que a morte era necessária. Em sua opinião, tinha nascido para morrer.

Sentença Central de Zach: "Preciso morrer."

Então, quando tinha idade suficiente, alistou-se para lutar e morrer no Iraque. Nada poderia ser mais simples. Como um soldado de infantaria, seria alvejado na linha de frente da batalha e morreria, cumprindo o propósito de sua vida. Ele treinou com afinco. Viraria um herói. Correria grandes riscos. Morreria com honra por seu país.

Entretanto, o plano falhou. Sua unidade não foi enviada ao Iraque. Zach permaneceu nos EUA. Ficou incrédulo. Imediatamente desertou da base e colocou um segundo plano em ação. Dirigiu pela rodovia em alta velocidade, certo de que um policial o pararia. Tinha tudo planejado. Sairia do carro e tentaria pegar a arma do policial. Em instantes, tudo estaria acabado. O policial seria forçado a atirar e Zach morreria. Acelerou pela estrada, exatamente como planejara. Mais uma vez o destino interferiu. Nada aconteceu. Não havia nenhum policial. Não houve tiro. Nem morte.

Determinado, Zach dirigiu direto para Washington, D.C. Sem dúvidas, seu terceiro plano daria certo. Ele pularia a cerca da Casa Branca e, com uma arma de brinquedo na mão, correria em direção ao gabinete do presidente. Sem dúvida, seria baleado por agentes do Serviço Secreto. Porém, novamente, o destino tinha outros planos. Quando chegou à Avenida Pensilvânia, a cerca estava tão bem protegida por agentes de segurança que ele não conseguiu se aproximar o suficiente.

Zach tinha mais um plano de suicídio em mente, que nunca se concretizou. Compareceria a um comício político do governador e apontaria uma arma de brinquedo para ele. Certamente, os agentes de segurança teriam que atirar. Então, um pensamento lúcido lhe ocorreu. No meio da multidão, poderia apenas ser imobilizado e passar o resto da vida na prisão. Desesperado, procurou ajuda.

No caso de Zach, é possível perceber um ponto em comum nos seus planos para morrer.

Cada tentativa de suicídio, se bem-sucedida, resultaria em ser baleado por alguém que defendia seu país. No entanto, em seus 24 anos de vida, Zach não fizera nada que justificasse tal punição. Nunca causara mal a ninguém. Não carregava qualquer culpa pessoal. Não se culpava pelo sofrimento alheio.

Então por quem Zach precisava morrer? Ou melhor, em seu sistema familiar, quem precisava ser baleado por algo que fizera?

Para encontrar a resposta, tivemos que voltar ao passado de sua história familiar. A sentença central de Zach mostrou o caminho. Considerando sua reclamação central, havia três perguntas transicionais possíveis.

Perguntas Transicionais de Zach

- Em sua família, quem cometeu um crime e nunca foi punido?
- Quem sentia a necessidade de ser baleado por algo que fez?
- Quem foi baleado sem que ninguém passasse pelo luto?

No caso de Zach, as duas primeiras perguntas teriam acertado em cheio. A primeira despertou a memória de uma conversa que ouvira quando criança. O avô materno era um funcionário de alto escalão do gabinete de Mussolini, responsável por decisões que acarretaram a morte de muitas pessoas. No final da guerra na Itália, ele conseguiu falsificar documentos, mudar de identidade e fugir para os EUA. Seus colegas foram presos e baleados por um pelotão de fuzilamento. O avô contornara seu destino. Teve sorte — ou assim pensava. Sem que soubesse, seu destino passaria para o primeiro menino da família — seu neto.

Como mencionado no Capítulo 3, Bert Hellinger afirma que nós somos os únicos responsáveis pelo nosso destino e que devemos arcar com suas consequências sozinhos. Se evitarmos, rejeitarmos ou contornarmos esse destino, outro membro de nosso sistema pode pagar o preço — geralmente com a própria vida.

Zach tentava pagar o preço pelos crimes do avô. Era uma herança onerosa e ele não tinha consciência de que estava assumindo-a. Achava que o desejo de ser baleado se originara dele. Pensava que nascera defeituoso, que sua situação era imutável. Nem sequer considerou que poderia ser afetado tão profundamente pela história da família. Nunca fizera a ligação.

"Quer dizer que não sou eu quem precisa morrer?", Zach ficou pasmo. "Então não tenho que morrer?"

Ao se esquivar do pelotão de fuzilamento, o avô nunca compensou as mortes causadas. Duas gerações depois, o neto tentaria saldar a dívida com a própria vida. Não era justo, mas foi o que aconteceu. E ele quase conseguiu.

Em vez disso, Zach conseguiu devolver a necessidade de morte para o avô. Ter um lugar para depositá-la fez toda a diferença. Pela primeira vez, ele poderia dissociar seus sentimentos dos alheios. O que antes fora internalizado agora poderia ficar à margem.

Quando os antigos sentimentos emergiram, Zach arquitetou um plano consciente. Visualizaria o avô e faria uma reverência. Escutaria sua afirmação de que a necessidade de morte pertencia a ele, que era sua responsabilidade e que o neto poderia apenas respirar e encontrar a paz. Imaginou o avô na vida após a morte se redimindo com as pessoas que prejudicara. Em sua imagem interior, o cenário adquiriu uma pacificidade de reconciliação.

Assim como Zach, você provavelmente nunca pensou em vincular seu problema atual a um trauma familiar. A sentença central é uma maneira de fazer isso. Pronuncie suas palavras mais uma vez e questione-se: tem certeza de que são suas? Quem em sua família poderia ter motivos para se sentir da mesma forma?

Mesmo que não tenha nenhuma informação sobre seu passado familiar, o caminho para a cura é simples. Você já fez a parte difícil: isolou seu medo mais profundo. Embora carregue sentimentos receosos, é provável que o medo em si decorra de um trauma anterior ao seu nascimento, um evento que está por trás do sofrimento de um de seus pais. Apesar de não saber o que é, você pode perceber sua existência. Você é capaz de senti-lo.

April, uma costureira afro-americana, tinha 40 e poucos anos quando viu uma foto de 1911 que retratava uma mulher negra e seu filho enforcados em uma ponte. Vários homens, mulheres e crianças brancas se alinhavam na passarela acima deles. Naquele momento, sua vida mudou. O pensamento e a imagem do linchamento foram avassaladores. "Não conseguia parar de chorar", afirmou. "Poderia ter sido eu e meu filho." Desde o dia em que viu a foto, sua ansiedade aumentou. "Era como se toda árvore avistada tivesse um corpo pendurado."

Perguntei se sabia de algum parente que fora linchado, mas April não tinha certeza. No final dos anos 1800, o avô, filho de um homem negro e uma mulher branca, foi abandonado à beira da estrada junto com a irmã. A família de April acolheu o avô, mas não a menina. Não se sabe o que aconteceu com ela nem com o pai deles.

A história comprova que, com frequência, os negros eram punidos por terem relações sexuais com brancas. Ainda assim, os proprietários de escravos costumavam ter filhos com as negras mantidas em cativeiro. Um estudo publicado em maio de 2016 encontrou evidências genéticas dessa história no DNA de afro-americanos atualmente vivos. O DNA continha traços de ascendência europeia, que poderiam ser datados da era da escravidão, possibilitando a validação científica do que sempre foi um conhecimento geral.[1]

Embora não tivesse certeza, April suspeitava de que o pai ou a irmã do avô, ou algum outro parente, tinha sido enforcado. No mínimo, ela carregava vestígios de um trauma coletivo e os compartilhava com outros afro-americanos que sentiam um medo semelhante.

April sentiu-se compelida a pesquisar todos os casos documentados de mulheres, crianças e homens afro-americanos que foram linchados de 1865 a 1965, descobrindo mais de 5 mil nomes. Em uma colcha preta, costurou todos eles com fio de seda dourado. A cada nome acrescentado, sentia que outra alma poderia finalmente descansar. Após três anos, o tempo que levou para terminar a colcha de mais de 5kg, ela conseguiu se libertar.

Reconhecendo o(s) Membro(s) da Família por Trás da Sentença Central

1. Se souber quem é o detentor do medo original manifestado em sua sentença central, visualize-o.

2. Se não tiver certeza de quem é o detentor, feche os olhos. Imagine algum familiar que possa ter emoções semelhantes. Pode ser seu tio, sua avó ou até mesmo um meio-irmão mais velho que você nunca conheceu. Não é preciso saber quem é. Talvez nem sequer seja um parente consanguíneo, mas alguém que prejudicou ou foi prejudicado por um familiar.

3. Visualize a pessoa relacionada ao evento traumático por trás de sua sentença central. Também não é necessário saber qual é o evento.

4. Agora, abaixe a cabeça e respire profundamente pela boca.

5. Diga a essa pessoa que você a honra e respeita tudo que aconteceu. Explique que, em vez de ser esquecida, ela sempre será lembrada com amor.

6. Visualize-a em paz.

7. Sinta-a abençoando sua vida plena. Ao inspirar, perceba os efeitos físicos dos bons desejos. Ao expirar, sinta as emoções da sentença central deixarem seu corpo. Repare no medo se dissipando como se sua intensidade diminuísse até ser eliminada.

8. Faça este exercício até que seu corpo relaxe.

A Sentença Central: O Caminho para Transformar o Medo

De todas as ferramentas da linguagem central apresentadas neste livro, aquela que descreve seu pior medo, a sentença central, é o caminho mais direto para descobrir traumas familiares não resolvidos. Ela não apenas o orienta até a origem do medo, mas também o conecta aos sentimentos do trauma familiar pendente que habitam seu corpo. Ao identificar sua origem, o medo pode se dissipar. A seguir, apresento as dez características principais da sentença central:

A Sentença Central: Dez Características Principais

1. Com frequência, relaciona-se a um trauma familiar ou de infância.

2. Geralmente é iniciada com "Eu" ou "Eles/Elas".

3. Ainda que seja composta de poucas palavras, tem forte impacto.

4. Contém uma carga emocional do seu pior medo.

5. Provoca uma reação física ao ser pronunciada.

6. Pode recuperar a "linguagem perdida" do trauma e identificar a origem dessa linguagem na história familiar.

7. Pode recuperar memórias traumáticas que não foram integradas.

8. Pode fornecer um contexto para a compreensão de emoções, sensações e sintomas.

9. Concentra-se na causa, e não nos sintomas.

10. Ao ser pronunciada, tem o poder de libertação do passado.

No próximo capítulo, a fim de identificar o trauma central relacionado à sentença, aprenderemos a elaborar nossa árvore genealógica. Antes, traçaremos nosso mapa da linguagem central mais uma vez.

A Sentença Central   131

Exercício Escrito Nº 9: Traçando Seu Mapa da Linguagem Central

1. Escreva sua reclamação central. A seguir, há um exemplo da de Mary, cujo irmão natimorto, que nem sequer recebeu um nome, era um assunto evitado:

    - "Não me encaixo. Não tenho qualquer sentimento de pertencimento. Sou invisível. Ninguém me enxerga. Em vez de viver, eu só existo."

2. Escreva seus descritores centrais sobre sua mãe ou seu pai. Confira os de Mary:

    - "Minha mãe era gentil, frágil, carinhosa, deprimida, apreensiva e vazia. Eu a culpo por sua falta de apoio. Era como se eu tivesse que cuidar dela."

    - "Meu pai era engraçado, solitário, distante e esforçado. Eu o culpo por sua ausência."

3. Escreva sua sentença central — seu pior medo. Observe o de Mary:

    - "Sempre me sentir sozinha e excluída."

Reunimos toda a linguagem central necessária para avançar à quarta e última etapa — descobrir o trauma central da nossa família.

Capítulo 9

O Trauma Central

Atrocidades... negam-se a ser enterradas... A sabedoria popular está repleta de fantasmas que se recusam a descansar em seus túmulos até que suas histórias sejam contadas.

— **Judith Herman,** *Trauma and Recovery*

Neste capítulo, juntaremos todas as peças do mapa da linguagem central. Até agora, aprendemos a escavar as pedras preciosas da reclamação central; a analisar os descritores centrais, como adjetivos empregados para descrever nossos pais, que revelam mais sobre nós do que sobre eles; e a compreender que a sentença central, que expressa nosso maior medo, pode nos reconduzir a um trauma do sistema familiar. A última coisa que precisamos aprender é como construir uma ponte para chegar ao nosso trauma central, aquele que não foi resolvido na infância ou na história da família.

Em ordem, as quatro ferramentas do mapa da linguagem central são a reclamação central, os descritores centrais, a sentença central e o trauma central. Há duas formas de descobrir a última ferramenta: o heredograma — um diagrama da árvore genealógica — e a pergunta transicional.

A Pergunta Transicional

No capítulo anterior, o exemplo de Zach nos mostrou que a pergunta transicional é uma forma de identificar o trauma subjacente, pois pode evocar o parente de quem herdamos a sentença central. Como a sentença central pode derivar de uma geração passada, identificar o detentor original traz paz e compreensão, não apenas para nós, mas para nossos filhos.

No caso de Zach, a pergunta transicional "Em sua família, quem cometeu um crime e nunca foi punido?" nos levou ao seu avô, que, como um poderoso funcionário do governo de Mussolini, prejudicou muitas pessoas. Como se pode imaginar, os parentes raramente, ou nunca, falavam sobre as atitudes do avô durante a guerra.

Em resumo, uma pergunta transicional conecta o presente ao passado. Escavar os sentimentos do seu maior medo pode revelar a pessoa do sistema familiar que tinha motivos para se sentir da mesma maneira.

Por exemplo, se o seu maior medo é "machucar uma criança", transforme-o em uma pergunta. Pense em todas as combinações relevantes que poderiam expressar o medo carregado por um descendente da sua família.

O Medo: "Machucar uma Criança"

Possíveis Perguntas Transicionais

- Em seu sistema familiar, quem pode ter se culpado por machucar uma criança ou por não tê-la protegido?
- Quem pode ter se considerado responsável pela morte de uma criança?
- Quem pode ter se culpado por ações ou decisões que machucaram uma criança?
- Alguma criança de seu sistema familiar foi machucada, negligenciada, maltratada ou entregue para adoção?

É provável que uma ou mais dessas perguntas o levem à origem de seu medo. No entanto, pode ser que ela não esteja prontamente disponível, pois muitos pais e avós mantêm o passado da família muito bem guardado, fazendo com que informações valiosas sejam perdidas para sempre.

Diante de um profundo sofrimento, as pessoas costumam se distanciar da dor emocional, evitando-a. Elas pensam que, ao fazê-lo, se protegem e

O Trauma Central   135

resguardam seus filhos, mas, na verdade, a dor se agrava. Geralmente, o que está oculto se intensifica. Manter o silêncio sobre a dor familiar quase nunca é uma estratégia eficaz para curá-la. O sofrimento virá à tona mais tarde, expressando-se nos medos ou sintomas de uma geração posterior.

Mesmo que você não consiga descobrir o que aconteceu em sua família, é possível completar o mapa da linguagem central. A sentença central fornecerá as pistas necessárias para guiá-lo até um trauma familiar. A pergunta transicional ligará muitos pontos, ainda que os detalhes específicos sejam vagos ou ausentes.

A História de Lisa

Lisa se descreveu como uma mãe superprotetora. Como tinha medo de que algo terrível acontecesse a um de seus filhos, nunca os perdia de vista. Mesmo que nada grave tenha ocorrido, ela era assombrada por sua sentença central: "Meu filho vai morrer." Lisa sabia muito pouco sobre a história da família, mas, ao rastrear o medo de sua sentença central, fez as seguintes perguntas transicionais:

Na família, quem teve um filho que morreu?

Quem não conseguiu manter o filho seguro?

A única informação que ela tinha era que os avós foram dos Cárpatos ucranianos para os EUA. Fugindo da fome, eles nunca falaram sobre as dificuldades enfrentadas. Os filhos nem ousavam perguntar.

A mãe de Lisa era a mais nova e a única nascida nos EUA. Embora não tivesse certeza dos detalhes, suspeitava que algumas das crianças haviam morrido durante a viagem. Essa simples informação ampliou a compreensão de Lisa sobre o medo que carregava. Ela reconheceu que a sentença "Meu filho vai morrer" provavelmente pertencia a seus avós. De imediato, fazer essa ligação reduziu a intensidade do medo, possibilitando que se preocupasse menos e aproveitasse mais os filhos.

Ao fazer as perguntas transicionais, você pode confrontar um trauma familiar que não foi totalmente resolvido, deparando-se com parentes que sofreram terrivelmente. Talvez você esteja carregando as consequências desse sofrimento.

Exercício Escrito Nº 10: Identificando Perguntas Transicionais da Sentença Central

Minha sentença central:

Minhas perguntas transicionais:

A pergunta transicional é uma das formas de descobrir o trauma pendente na história familiar. Mapear sua árvore genealógica e elaborar seu heredograma é a outra.

O Heredograma

O heredograma é uma representação gráfica da árvore genealógica. Suas etapas de desenvolvimento são:

1. Ao considerar três ou quatro gerações anteriores, estruture um diagrama que inclua seus bisavós, avós, pais, tios e irmãos. Não é necessário abranger gerações anteriores à dos bisavós. Utilize quadrados para representar homens e círculos para mulheres, criando sua árvore genealógica. (Confira o diagrama na página 138.) Você pode usar linhas para retratar os ramos da árvore genealógica, mostrando quem pertence a qual geração. Liste os filhos de seus pais, avós e bisavós. Você não precisa listar os filhos de seus tios ou irmãos, mas pode fazê-lo se quiser.

2. Ao lado de cada familiar (representado por um quadrado ou um círculo), escreva os traumas significativos e as fa-

talidades que essa pessoa sofreu. Pergunte a seus pais, se ainda estiverem vivos. Não se preocupe se não conseguir todas as respostas. Tudo o que você já sabe é suficiente. Os eventos traumáticos incluem: quem teve uma morte precoce? Quem foi embora? Quem foi abandonado, isolado ou excluído da família? Quem foi adotado ou entregou uma criança para adoção? Quem morreu no parto? Quem teve um natimorto ou um aborto? Quem se suicidou? Quem cometeu um crime? Quem sofreu um trauma significativo ou uma catástrofe? Quem perdeu sua casa ou seus pertences e teve dificuldade de se recuperar? Quem foi esquecido ou padeceu na guerra? Quem morreu ou sofreu no Holocausto ou em algum outro genocídio? Quem foi assassinado? Quem assassinou alguém? Quem se sentiu responsável pela morte ou infortúnio de alguém?

Essas perguntas são importantes. Se alguém em sua família machucou ou assassinou alguém, liste a vítima em sua árvore genealógica. As pessoas prejudicadas por parentes devem ser incluídas, pois agora são membros do sistema familiar com os quais você pode se identificar. Da mesma forma, liste qualquer pessoa que feriu ou assassinou um parente, pois você também pode se identificar inconscientemente com essa pessoa.

Prossiga. Quem machucou, enganou ou se aproveitou de alguém? Quem se beneficiou do prejuízo alheio? Quem foi injustamente acusado de alguma coisa? Quem foi preso ou internado? Quem tinha incapacidade física, emocional ou mental? Qual progenitor ou avô teve um relacionamento significativo antes de se casar e o que aconteceu? Liste todos os ex-parceiros de seus pais e avós. Liste qualquer outra pessoa que foi profundamente magoada por alguém ou que magoou profundamente alguém.

3. No topo do heredograma, escreva sua sentença central. Agora, analise todos que integram o sistema familiar. Quem poderia ter um motivo para sentir o mesmo que você? Essa pessoa pode ser sua mãe ou seu pai, principalmente se um deles passou por um infortúnio ou foi desrespeitado pelo outro. Também pode ser a sua tia-avó que foi internada ou seu irmão mais velho que sua mãe abortou antes de ter você. Costuma ser alguém de quem não se fala muito na família.

Observe o exemplo a seguir. Este heredograma conta a história de Ellie, uma mulher atormentada pelo medo de enlouquecer. Até traçar a linha materna de seu heredograma, ela acreditava que era a fonte do medo.

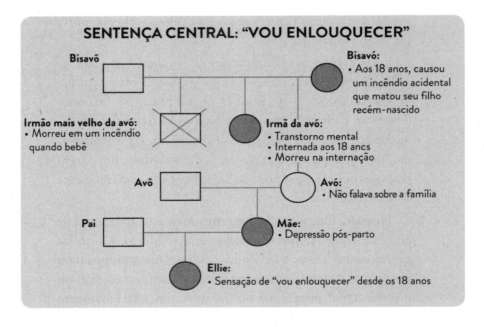

No heredograma, é evidente que a sensação de enlouquecer não se originou na geração de Ellie. A tia-avó foi internada aos 18 anos e morreu sozinha e esquecida. Ninguém na família jamais disse seu nome ou contou sua história. Ellie nunca soube que a avó tinha irmãos e só descobriu a informação após questionar insistentemente.

O Trauma Central 139

Curiosamente, a tia-avó foi internada em um hospital psiquiátrico aos 18 anos — a mesma idade que a bisavó tinha quando causou um incêndio que matou o filho recém-nascido. Ao considerar três gerações, Ellie adquiriu um novo entendimento. Que sentimentos de insanidade a tia-avó revivia? E, mais importante, que história Ellie tentava ressuscitar ao compartilhar do mesmo medo? Com o heredograma, foi possível esclarecer a história enigmática da família.

Para Ellie, o medo de enlouquecer surgiu quando fez 18 anos e se formou no ensino médio. O mesmo medo que exauria sua força vital agora proporcionava a autodescoberta. Quanto mais analisava o heredograma, mais conexões fazia.

Ellie se lembrou da mãe contando que teve depressão pós-parto durante seu primeiro ano de vida. Em seu sofrimento, ela também foi receptora do trauma da bisavó, admitindo que, assim que Ellie nasceu, a sensação de que algo daria terrivelmente errado se tornou uma obsessão. Especificamente, a mãe tinha medo de fazer algo acidental que mataria a filha. Sentimentos insuportáveis de pavor surgiram durante a gravidez e se intensificaram após o nascimento de Ellie. A mãe nunca relacionou a depressão aos acontecimentos familiares. O que não era falado de forma consciente na família se expressava de forma inconsciente nos medos, sentimentos e comportamentos de seus membros.

Exercício Escrito Nº 11: Criando o Heredograma

Usando quadrados para homens e círculos para mulheres, disponha seus parentes junto dos traumas significativos e das fatalidades que sofreram. Para este exercício, use uma folha de papel em branco e escreva sua sentença central no topo.

Agora, relaxe e examine seu heredograma. Sem se concentrar demais, deixe seus olhos assimilarem todo o conjunto. Absorva a energia de ambos os lados da família. Sinta a leveza ou o peso das emoções das quais você se originou. Compare a linha paterna com a materna. Qual lado parece mais pesado? Qual lado tem uma sensação de sobrecarga? Analise os eventos traumáticos. Quem sofreu com a fatalidade mais grave? Quem teve a vida mais difícil? Como os outros parentes se sentiram em relação a essa pessoa? Sobre quem ou o que raramente falavam? Não se preocupe se as informações estiverem incompletas. Deixe que seus pensamentos, sentimentos e sensações corporais o conduzam.

Agora, fale sua sentença central em voz alta. Quem na família teria compartilhado um sentimento semelhante? Quem teria enfrentado emoções parecidas? Provavelmente, sua sentença central já existia muito antes de você nascer.

Consideremos Carole, cuja sentença central se originou na avó. Desde os 11 anos, ela tinha sobrepeso; quando adulta, oscilava em torno de 136kg, atingindo seu peso máximo aos 38 anos. Carole teve poucos relacionamentos e nunca se casou.

Ela relatou que se sentia "reprimida e sufocada" por seu peso e "traída" por seu corpo. De imediato, ouvimos sua linguagem central clamando para ser decifrada, como se algo na família buscasse uma solução. Com o conhecimento sobre a linguagem central, elaboramos as perguntas transicionais: quem na família se sentiu traído pelo corpo? Quem se sentiu reprimido e sufocado?

Carole explicou. "Eu me desenvolvi muito antes das outras meninas. Fiquei menstruada aos 11 anos e, desde então, passei a odiar meu corpo. Senti que ele tinha me traído ao se desenvolver tão cedo. Foi quando comecei a engordar."

A curiosa ideia de se sentir *traída* pelo corpo se repetiu, com um novo indício: Carole sentiu que ele a tinha *traído* ao se transformar em um *corpo de adulta* que agora poderia gerar uma vida em seu *útero*.

Ao acrescentar essa informação à equação, mais perguntas transicionais surgiram: qual *adulta* na família se sentiu *traída* por seu *útero*? Que fatalidade poderia acometer Carole se ela se tornasse adulta ou ficasse grávida?

Todas as perguntas acertaram em cheio — só não sabíamos ainda.

Adicionamos seu pior medo à equação: "Ficarei sozinha."

Isolada e se sentindo sufocada por seu peso, Carole estava prestes a transformar seu pior medo em realidade.

Agora, vamos juntar todas as peças e investigar o mapa da linguagem central de Carole. Lembre-se de que a angústia começou quando seu útero se tornou fértil. A seguir, estão as palavras empregadas para formar seu mapa da linguagem central.

O Mapa da Linguagem Central de Carole

Reclamação Central de Carole: "Eu me sinto reprimida e sufocada pelo meu peso. Eu me sinto traída pelo meu corpo."

Sentença Central de Carole: "Ficarei sozinha."

Perguntas Transicionais de Carole: As perguntas transicionais que ajudaram Carole a fazer a ligação entre o trauma familiar e seu sobrepeso foram:

- Quem na família se sentiu traída pelo corpo?
- Quem se sentiu reprimida?
- Quem se sentiu sufocada?
- Qual adulta na família se sentiu traída por seu útero?
- Que fatalidade acometeu uma grávida?
- Quem se sentiu sozinha?

Trauma Central de Carole: Analisemos o trauma central, o evento traumático, a tragédia familiar não resolvida. A avó teve três filhos: dois meninos e a mãe de Carole. Durante o parto, os dois meninos ficaram sufocados no canal vaginal e, como consequência da privação de oxigênio, tiveram sequelas mentais. Eles moraram no porão da casa dos pais, na zona rural de Kentucky, por cinquenta anos. A avó teve uma vida pesarosa e vazia.

Embora nunca tenha sido pronunciada, é evidente que a sentença "Eu me sinto traída pelo meu corpo" pertencia à avó. O corpo dela "sufocou" os bebês. Ela vivia "sozinha", envolta em dor e culpa. Os dois meninos, que foram "sufocados pelo peso" que os pressionava, também viviam sozinhos, no porão, isolados do mundo exterior. A mãe de Carole também se sentiu sozinha durante a infância, descrevendo a mãe como "fisicamente presente, mas emocionalmente distante". Sem querer, a linguagem central e o corpo de Carole haviam contado toda a história.

Reavaliemos a situação. Quando seu corpo se desenvolveu para conceber um filho, Carole engordou e se isolou das pessoas ao seu redor. O isolamento era uma forma de garantir que nunca engravidaria e sofreria como a avó. Ela vivia uma vida solitária, sentindo-se sozinha em seu mundo, assim como a avó desolada, seus tios no porão e sua mãe, que foi assolada pela tristeza.

Carole usou as palavras "reprimida e sufocada" para descrever a sensação causada por seu peso. Entretanto, no contexto familiar, elas tinham um significado mais profundo, pois eram as palavras não pronunciadas sobre o trauma. Talvez ninguém ousasse dizê-las na frente da avó, mas elas eram essenciais para que a família conseguisse se curar de um evento tão terrivelmente trágico. Se a avó fosse capaz de aceitar a magnitude da tragédia e lamentar suas perdas sem se culpar e se sentir traída por seu corpo, a família poderia ter seguido um caminho diferente. Carole talvez não precisasse carregar o sofrimento familiar em seu sobrepeso.

Eventos trágicos como esse podem abalar a resiliência familiar e derrubar os alicerces do suporte. Eles são capazes de interromper o fluxo de amor dos pais para os filhos, deixando-os à deriva em um mar de tristeza.

Assim como acontece com a maioria de nós, Carole nunca imaginou que carregava o sofrimento de sua história familiar. Ela pensava que a fonte do sofrimento estava em seu interior, que havia uma falha em sua essência. Ao compreender que a sensação de ser traída por seu corpo era da avó, e não dela, Carole tomou o caminho para a liberdade.

Ao reconhecer que absorvia o sofrimento familiar no lugar da avó, dos tios e da mãe, todo seu corpo começou a tremer. O peso emocional diminuiu, permitindo-lhe adentrar os lugares interiores que há muito tempo estavam fechados. Não demorou para que Carole adquirisse uma consciência física de seu corpo, o que lhe possibilitou diferentes escolhas de estilo de vida.

Por meio da linguagem central de Carole, a cura familiar foi iniciada, proporcionando uma solução para o que estava pendente. Em outras palavras, seu sofrimento foi a manifestação que possibilitou a cura da difícil tragédia familiar. Era como se a dor da família clamasse por cura e resolução, e as palavras e o corpo de Carole mostrassem o caminho.

De maneira semelhante, seu mapa da linguagem central pode guiá-lo em uma jornada de cura. Ao compreender o vínculo com a história familiar, a única etapa restante é reabsorver as descobertas. O não dito ou o invisível na família provavelmente estão nas sombras da autoconsciência. Após fazer a ligação, o que antes estava oculto pode se tornar uma oportunidade de cura. Às vezes, as novas imagens requerem cuidado e atenção para que possamos integrá-las por completo. No próximo capítulo, realizaremos exercícios e aprenderemos práticas e sentenças que fortalecerão essas imagens, proporcionando maior plenitude e liberdade.

Parte III

Caminhos para a Reconexão

Capítulo 10

Do Insight à Integração

O ser humano é parte do todo... Ele experimenta a si mesmo, seus pensamentos e seus sentimentos como algo separado do resto — uma espécie de ilusão de ótica de sua consciência.

— **Albert Einstein para Robert S. Marcus, 12 de fevereiro de 1950**

A ilusão de ótica mencionada por Einstein consiste na ideia de que somos separados daqueles que nos cercam, bem como daqueles que vieram antes de nós. Ainda assim, como vimos reiteradamente, estamos conectados aos familiares cujos traumas pendentes se tornaram nosso legado. Quando a conexão permanece inconsciente, podemos viver aprisionados em sentimentos e sensações pertencentes ao passado. Porém, com a história de nossa família revelada, os caminhos para a liberdade se abrem.

Às vezes, apenas vincular a experiência a um trauma familiar não resolvido já é o suficiente. Como constatamos no capítulo anterior, assim que Carole conectou os sentimentos da linguagem central ao trauma da família, seu corpo começou a tremer como se eliminasse o que pertencia ao passado. Para ela, a consciência por si só foi profunda o bastante para iniciar uma reação visceral sentida em seu interior.

Para alguns de nós, a consciência do que aconteceu em nossas famílias precisa ser acompanhada de um exercício ou uma experiência que acarrete uma libertação ou proporcione um maior alívio em nosso corpo.

O Mapa da Origem

A essa altura, reunimos as principais peças do mapa da linguagem central; descobrimos palavras e sentenças que achávamos ser nossas, mas que, na verdade, pertencem a outras pessoas; e fizemos ligações em nossa história familiar, descobrindo traumas e lealdades tácitas que cultivavam essa linguagem. Agora, chegou o momento de juntar todas essas peças e dar o próximo passo. A seguir, há uma lista do que é necessário:

- A Reclamação Central — a linguagem central que descreve sua maior preocupação, dificuldade ou reclamação.
- Os Descritores Centrais — a linguagem central que descreve seus pais.
- A Sentença Central — a linguagem central que descreve seu pior medo.
- O Trauma Central — o acontecimento familiar subjacente à linguagem central.

Exercício Escrito Nº 12: Fazendo as Pazes com a História Familiar

1. Escreva a linguagem central com a maior carga emocional ou que provoca a mais forte emoção quando dita em voz alta.

2. Escreva também o evento traumático relacionado a essa linguagem central.

3. Liste todas as pessoas cuja vida foi abalada por esse evento. Quem foi mais afetado? Sua mãe? Seu pai? Sua avó? Seu avô? Sua tia? Seu tio? Quem não é reconhecido ou mencionado? Há algum irmão falecido ou entregue para adoção? Um de seus avós ou bisavós abandonou a família, morreu jovem ou sofreu de forma terrível? Um dos seus pais ou avós noivou ou se casou anteriormente? Essa pessoa é reconhecida em sua família? Há alguém fora da família que foi julgado, rejeitado ou culpado por prejudicar um parente?

Do Insight à Integração   149

4. Descreva o que aconteceu. Quais imagens vêm à mente? Faça uma pausa e visualize o que eles devem ter sentido ou enfrentado. O que acontece em seu corpo?

5. Há parentes que despertam uma atenção especial? Você se sente atraído emocionalmente? Sente reverberar em seu corpo? Em qual parte? Já é conhecida? Há sensibilidade ou sintomas nesse local?

6. Coloque sua mão sobre essa parte do corpo e permita que sua respiração preencha o local.

7. Visualize o parente envolvido nesse evento e diga a ele: "Você é importante. Farei algo significativo para honrá-lo. Tirarei uma lição favorável dessa tragédia. Viverei da forma mais plena possível, pois sei que é o seu desejo para mim."

8. Elabore uma linguagem pessoal que reconheça a conexão única que você compartilha com essa pessoa.

Criando Sentenças de Cura Pessoais

A revivência inconsciente pode durar gerações. Ao reconhecermos o fardo de pensamentos, emoções, sentimentos, comportamentos ou sintomas que não se originam de nós, podemos quebrar o ciclo. O primeiro passo é a identificação consciente do acontecimento trágico e dos envolvidos. Com frequência, essa ação é iniciada por uma conversa interna ou com um parente — pessoalmente ou por meio da visualização. As palavras certas podem nos libertar de laços familiares e lealdades inconscientes, encerrando o ciclo de traumas herdados.

A conversa de Jesse, o jovem com insônia que, aos 19 anos, reencenou aspectos da morte do tio em uma nevasca, ocorreu no meu consultório. Pedi que visualizasse o tio parado na sua frente e conversasse diretamente com ele, em silêncio, caso preferisse. Ajudei Jesse a elaborar as palavras e sugeri que dissesse ao tio: "Todas as noites, desde os meus 19 anos, eu tremo e não consigo dormir." Sua respiração ficou pesada. Eu conseguia escutar um chiado. Suas pálpebras tremiam e lágrimas escorriam de seus olhos. "Tio Colin, de agora em diante, você viverá no meu coração, e não na minha insônia." Enquanto murmurava as palavras, mais lágrimas caíam. Nesse ponto, eu disse: "Ouça seu tio lhe dizendo para expirar e devolver o medo a ele. Essa insônia nunca pertenceu a você."

A simples conversa com o tio desconhecido o acalmou. Conforme expirava, sua mandíbula e seus ombros relaxaram. Suas bochechas ficaram coradas. Seus olhos voltaram a brilhar. Algo profundo havia se dissipado.

Embora apenas imaginasse a conversa, pesquisas sobre o cérebro demonstram que Jesse estava, na verdade, ativando os mesmos neurônios e as mesmas regiões cerebrais de uma experiência de cura presencial com o tio. Após nossa sessão, ele relatou que conseguiu dormir a noite toda, sem acordar.

Exemplos de Sentenças de Cura

Um homem com quem trabalhei reconheceu que compartilhava, de forma inconsciente, a solidão e o isolamento do avô rejeitado, afirmando: "Assim como você, estou isolado e sozinho. Percebo que esses sentimentos não me pertencem. Sei que não é o seu desejo para mim. Entendo que é uma aflição me ver tão ansioso. De agora em diante, viverei conectado às pessoas ao meu redor. É uma forma de honrá-lo."

Outra cliente identificou a ligação inconsciente com as falhas de relacionamento e a infelicidade da mãe e da avó, dizendo: "Mãe, por favor, abençoe a minha felicidade conjugal, mesmo que você não tenha sido feliz com o papai. Para honrar vocês, apreciarei o amor do meu marido e demonstrarei que as coisas deram certo para mim."

Uma jovem com quem trabalhei reconheceu que, desde sempre, vivia ansiosa e reprimida. Ela disse à mãe, que faleceu durante seu parto: "Toda vez que me sentir ansiosa, vou visualizar seu sorriso, seu apoio, sua bênção. Sempre que eu inspirar, vou sentir você ao meu lado e saber que está feliz por mim."

Sentenças de Cura Adicionais

"Em vez de reviver o que aconteceu com você, prometo que *minha* vida será plena."

"O que aconteceu com você não será em vão."

"Vou considerar o que aconteceu com você uma fonte de força."

"Honrarei a vida que você me deu fazendo algo de bom."

"Farei algo significativo e dedicarei a você."

"Manterei você no meu coração."

"Acenderei uma vela para você."

"Honrarei você ao viver de forma plena."

"Viverei de forma amorosa."

"Tirarei uma lição favorável dessa tragédia."

"Agora eu entendo. A compreensão é benéfica."

Das Sentenças de Cura às Imagens de Cura

Tenhamos consciência ou não, nossa vida é profundamente influenciada por imagens, crenças, expectativas, suposições e opiniões internas. Impressões intrínsecas como "a vida nunca dá certo para mim", "vou fracassar, não adianta tentar" ou "tenho uma imunidade fraca" podem definir um blueprint de como nossa vida se desenrola, limitando a assimilação de novas experiências e afetando a capacidade de cura. Imagine o efeito corporal da imagem interna "minha infância foi difícil", "minha mãe era cruel" ou "meu pai era emocionalmente abusivo". Embora sejam quase uma verdade absoluta, essas imagens podem não revelar a história completa. Todos os dias da sua infância foram difíceis? Seu pai nunca foi gentil? Sua mãe nunca foi atenciosa? Você tem acesso a todas as suas primeiras lembranças de ser abraçado, alimentado e colocado no berço à noite? Lembre-se: como aprendemos no Capítulo 5, para não sofrer mágoas novamente, muitos de nós mantemos apenas as memórias destinadas a nos proteger, que reforçam nossas defesas e que os biólogos evolucionistas afirmam integrar nosso "viés da negatividade" inato. Será que alguma memória está ausente? Mais importante, você fez as perguntas: o que estava por trás da nocividade de minha mãe? Que evento traumático está subjacente à frustração de meu pai?

Na elaboração das sentenças de cura, você deve ter percebido uma nova experiência interna começando a se enraizar. Ela pode ter lhe ocorrido na forma de uma imagem, uma sensação, um sentimento de pertencimento ou uma conexão. Talvez você tenha sentido o zelo de parentes ou uma paz maior, como se uma pendência fosse finalmente resolvida.

Todas essas experiências podem ter um efeito poderoso na cura. Essencialmente, elas estabelecem uma referência interna de plenitude, à qual podemos recorrer sempre que sentimentos antigos ameaçam nossa estabilidade. Essas novas experiências são como novas memórias acompanhadas de novos entendimentos, imagens, sentimentos e sensações corporais. Elas podem promover mudanças de vida, pois são poderosas o suficiente para ofuscar as imagens antigas e limitantes que conduzem nossa vida.

Essas novas experiências e imagens continuam a se aprofundar por meio de rituais, exercícios e práticas. A seguir, há algumas maneiras criativas de fortalecer o processo de cura.

Exemplos de Rituais, Exercícios, Práticas e Imagens de Cura

- **Colocar um Retrato na Mesa:** Um homem que percebeu que estava revivendo a culpa do avô colocou um retrato dele em sua mesa. Ele expirava e visualizava a devolução dos sentimentos de culpa ao avô. Cada vez que repetia esse ritual, sentia-se mais leve e mais livre.

- **Acender uma Vela:** Uma mulher que perdeu o pai quando era criança não tinha nenhuma lembrança dele. Aos 29 anos — a mesma idade do pai quando faleceu —, sentia-se distante do marido, compartilhando, de forma inconsciente, a desconexão paterna. Durante dois meses, ela acendeu uma vela todas as noites e imaginou a chama como uma abertura de reconexão com o pai. Ela conversava com ele e sentia sua presença reconfortante. Ao final do ritual, os sentimentos de desconexão diminuíram e uma nova sensação de ser cuidada por um pai amoroso aumentou.

- **Escrever uma Carta:** Vinte anos após deixar repentinamente a noiva que conheceu na faculdade, um homem ainda tinha dificuldades de relacionamento. Ela havia morrido um ano depois do término. Embora soubesse que nunca a receberia, ele escreveu uma carta, desculpando-se por sua displicência e indiferença: "Sinto muito. Sei o quanto você me amou e o quanto te magoei. Deve ter sido terrível. Me desculpe. Sei que nunca poderei entregar esta carta, mas espero que você acolha minhas palavras." Depois de escrevê-la, o homem sentiu uma inexplicável sensação de paz e plenitude.

- **Colocar uma Foto Acima da Cabeceira:** Uma mulher que passou a vida rejeitando a mãe percebeu que uma separação precoce na incubadora manteve-a insegura e incapaz de receber o amor materno. Ela também identificou que o afastamento se tornou um blueprint para suas relações. Após colocar uma foto da mãe acima da cabeceira, pediu que ela a abraçasse todas as noites enquanto dormia, o que abrandou suas defesas. Enquanto estava deitada na cama, sentia o carinho materno. Ela descreveu o amor da mãe como uma corrente de energia fortalecedora. Em algumas semanas, seu corpo estava mais relaxado ao acordar. Em poucos meses, o apoio materno se manifestou em uma sensação física ao longo do dia. No final do ano, ela notou mais pessoas entrando em sua vida de forma significativa. (Observação: a mãe dessa mulher ainda estava viva; no entanto, esta prática é eficaz, independentemente de um dos progenitores estar vivo ou morto.)

- **Desenvolver uma Imagem de Apoio:** Uma ansiedade repentina em um menino de 7 anos se manifestou por meio da tricotilomania — uma condição na qual a pessoa arranca grande parte dos cabelos. Sua ansiedade parecia ter origem na história da família. Quando tinha 7 anos, a mãe testemunhou sua própria mãe morrer repentinamente de um aneurisma cerebral. A dor era tão grande que a avó nunca foi mencionada. Quando ela contou o que havia acontecido, o menino começou a relaxar imediatamente. A mãe o fez visualizar a avó falecida como um anjo da guarda que os protegia. Mostrou a foto de uma auréola e o fez imaginar que o amor da avó circundava sua cabeça. Dessa forma, sempre que tocasse os cabelos, encontraria um sentimento de paz. Naquele mesmo dia, ele parou de puxar os cabelos.

- **Estabelecer um Limite:** Uma mulher cresceu sobrecarregada por se sentir responsável pela felicidade e pelo bem-estar da mãe alcoolista. Como esse padrão de cuidado continuou na idade adulta, ela tinha dificuldades em aceitar a atenção e o apoio de outras pessoas. Era difícil manter um relacionamento sem se sentir responsável pelos sentimentos e sufocada pelas necessidades alheias. Em sua prática diária, ela se sentava no chão e traçava um círculo ao redor do corpo com um novelo de lã, percebendo que, ao delimitar um espaço para si mesma, até sua respiração melhorava. Em uma conversa interna, disse à mãe: "Este é o meu espaço. Você está aí e eu estou aqui. Quando eu era pequena, fiz de tudo para ver você feliz, mas me senti sobrecarregada. Agora acho que preciso fazer todo mundo feliz, o que torna a proximidade sufocante. Mãe, de agora em diante, seus sentimentos ficarão com você e os meus, comigo. Ao estabelecer esse limite, vou honrar minhas próprias emoções para não me perder ao sentir conexão com alguém."

As práticas e os rituais descritos podem parecer insignificantes para a dor que carregamos durante anos, mas a ciência demonstra que, quanto mais repetimos e revisitamos as novas imagens e experiências, mais elas se internalizam. A ciência comprova que práticas como essas podem alterar nosso cérebro, criando novas vias neurais. Além disso, ao visualizarmos uma imagem de cura, ativamos as mesmas regiões cerebrais — especificamente o lado esquerdo do córtex pré-frontal — que estão associadas a sentimentos de bem-estar e emoções positivas.[1]

É importante que acolhamos as novas sensações e os novos sentimentos para que eles possam se enraizar. Quanto mais praticamos, mais aprofundamos o aprendizado. Dessa forma, nosso cérebro é capaz de mudar, fazendo com que nos sintamos ainda mais vivos por dentro.

As Sentenças de Cura e o Corpo

Uma parte essencial da cura envolve a capacidade de incorporar a experiência das sensações físicas ao processo. Quando apenas "acolhemos" os sentimentos em nosso corpo sem reagir inconscientemente, é mais provável que permaneçamos estáveis perante a inquietação interior. O insight costuma ser obtido a partir da disposição de tolerar o que é desconfortável na busca pela autocompreensão.

Ao se concentrar no seu interior, o que você sente? Que sensações se relacionam a pensamentos receosos ou emoções desconfortáveis? Qual parte do corpo é mais afetada? Sua garganta fecha? Você para de respirar? Seu peito aperta? Você sente um torpor? Qual é o epicentro dessa sensação corporal? Seu coração? Seu estômago ou plexo solar? Ser capaz de desbravar esse território interno, mesmo quando os sentimentos parecem avassaladores, é essencial.

Se você não tiver certeza do que seu corpo sente, diga sua sentença central em voz alta. Como aprendemos no Capítulo 8, pronunciá-la pode despertar sensações físicas. Observe seu corpo. Você nota algum tremor? Há uma sensação de vazio? Torpor? Tudo é válido. Basta posicionar sua mão onde você percebe ou imagina que os sentimentos estejam. Em seguida, direcione a respiração para essa área. Expire em seu corpo de modo que toda a região pareça amparada. Você pode visualizar sua expiração como um feixe que ilumina essa parte do corpo. Em seguida, diga a si mesmo: "Estou com você."

Imagine que está falando com uma criança que se sente invisível. É provável que *exista* uma criança ali — uma parte infantil que foi ignorada por muito tempo. Suponha que ela está esperando seu reconhecimento, e hoje é o dia para que isso aconteça.

Sentenças de Cura para Dizer a Si Mesmo

Posicione a mão sobre o corpo e respire profundamente enquanto diz para si mesmo uma ou mais das sentenças internas a seguir:

> "Estou com você."
>
> "Estou aqui."
>
> "Abraçarei você."
>
> "Respirarei com você."
>
> "Confortarei você."
>
> "Não o abandonarei quando se sentir amedrontado ou sobrecarregado."
>
> "Ficarei ao seu lado."
>
> "Respirarei junto com você até que se acalme."

Quando colocamos as mãos sobre o corpo e direcionamos as palavras e a respiração para dentro, fortalecemos as partes mais vulneráveis. Dessa forma, podemos aliviar ou libertar o que sentimos como intolerável. Sensações de desconforto antigas podem ser substituídas por sensações de expansão e bem-estar. À medida que se enraízam, sentimos mais sustentação em nosso corpo.

Consertando a Relação com Nossos Progenitores

No Capítulo 5, aprendemos como a força vital que recebemos de nossos pais pode ser bloqueada quando a conexão com eles é prejudicada. Ao rejeitarmos, culparmos ou afastarmos um deles, também sentimos as repercussões. Podemos não ter consciência, mas afastar um progenitor é o mesmo que afastar uma parte de nós.

Quando nos isolamos de nossos pais, as características que julgamos como defeitos podem se manifestar de forma inconsciente. Se, por exemplo, consideramos nossos pais frios, críticos ou agressivos, podemos nos sentir frios, autocríticos e até mesmo interiormente agressivos — as mesmas características que rejeitamos neles. Nesse sentido, fazemos a nós mesmos o que achamos que fizeram para nós.

A solução é encontrar uma maneira de acolher nossos pais no coração e trazer à tona os defeitos que rejeitamos neles (e em nós). Assim, há uma chance de transformar a dificuldade em fortalecimento. Ao desenvolver um relacionamento com nossas partes dolorosas — que muitas vezes herdamos da família —, temos a oportunidade de mudá-las. Características como a crueldade podem se tornar a fonte de nossa bondade; nossos julgamentos podem estabelecer as bases de nossa compaixão.

Geralmente, sentir-se em paz consigo mesmo se correlaciona a estar em paz com seus progenitores. Dito isso, você pode tirar algo de bom do que lhe deram? Consegue ser receptivo quando pensa neles? Se ainda estiverem vivos, você é capaz de baixar a guarda quando está com eles?

Se perceber que você se retrai, fica na defensiva ou retorna ao padrão de cuidado, provavelmente há mais trabalho interno a ser feito antes da tentativa de consertar o relacionamento presencialmente.

A reparação pode acontecer mesmo que eles tenham falecido, estejam na prisão ou permaneçam estagnados em meio à dor. Existe uma memória, boa intenção, imagem terna, compreensão ou expressão de amor passível de absorção? Permitir que a conexão com uma imagem interior afetuosa ocorra pode modificar seu relacionamento exterior com seus pais. Você não pode alterar a relação antiga, mas pode modificar a atual, contanto que não espere que eles mudem ou sejam diferentes de quem são. É você quem deve estabelecer o relacionamento em novos termos. Essa responsabilidade é sua. Não de seus pais. A questão é: você está disposto?

Thich Nhat Hanh, renomado monge budista, afirma que, quando estamos com raiva de nossos pais, "ficamos com raiva de nós mesmos. É como se a planta de milho ficasse zangada com o grão". Ele esclarece: "Se estamos bravos com nosso pai ou nossa mãe, precisamos inspirar e expirar a fim de encontrar a reconciliação. É o único caminho para a felicidade."[2]

A reconciliação é, sobretudo, um movimento interno. O relacionamento com nossos pais não depende do que fazem, de como são ou de como reagem, mas, sim, de como agimos. A mudança ocorre em nós.

Ao saber que o pai perdeu o melhor amigo enquanto lutavam juntos na guerra, Randy pôde entender o motivo de sua introversão. O filho costumava sentir que a distância paterna era dirigida pessoalmente a ele. Conhecer a história mudou a perspectiva por completo. O pai, Glenn, e o melhor amigo de infância, Don, se reencontraram por acaso, quando suas unidades se juntaram para combater os alemães na Bélgica. Sob fogo cruzado, Don salvou a vida do amigo, mas, ao fazê-lo, levou um tiro no pescoço e morreu em seus braços. Glenn voltou para casa, se casou e constituiu uma família. Porém, nunca conseguiu desfrutar plenamente de suas conquistas, pois sabia que Don nunca teria a mesma oportunidade.

Randy se desculpou com o pai por julgá-lo e se afastar. Não esperava mais que se conectassem da maneira que desejava. Em vez disso, poderia amá-lo exatamente como ele era.

Como aprendemos nos capítulos anteriores, é proveitoso saber o que causou tamanho sofrimento em nossos pais. O que estava por trás da distância, da crítica ou da agressividade? A descoberta desses acontecimentos possibilita a compreensão da dor, tanto deles quanto nossa. Ao identificar os eventos traumáticos que contribuíram para a dor parental, nossa compreensão e compaixão podem começar a ofuscar as mágoas antigas. Às vezes, apenas pronunciar uma sentença como "Mãe, pai, sinto muito por estar distante" pode iniciar algo surpreendente em nosso interior.

Em seu livro *Words Can Change Your Brain* [sem publicação no Brasil], o Dr. Andrew Newberg, neurocientista do Thomas Jefferson University Hospital, e seu colega Mark Robert Waldman declararam: "Uma única palavra tem o poder de influenciar a expressão gênica que regula o estresse físico e emocional."[3] Eles explicam que, só de nos concentrarmos em palavras positivas, afetamos áreas do cérebro que podem aprimorar a percepção de nós mesmos e das pessoas com quem interagimos.[4]

Leia a lista de sentenças de cura a seguir. Talvez alguma o sensibilize a ponto de desfazer o bloqueio entre você e seus pais. Deixe as palavras alcançarem-no. Há uma sentença que abala o seu coração? Imagine dizendo uma ou duas delas ao progenitor que você rejeitou.

Sentenças de Cura para a Rejeição a um dos Progenitores

1. "Sinto muito por quão distante estive."

2. "Sempre que você tentou se aproximar, eu o afastei."

3. "Estou com saudades, mas não é fácil assumir isso."

4. "Você é um bom pai/uma boa mãe."

5. "Aprendi muito com você." (Relembre e compartilhe uma memória positiva.)

6. "Lamento o quão difícil tenho sido."

7. "Tenho sido muito crítico e isso dificultou nossa aproximação."

8. "Por favor, me dê uma segunda chance."

9. "Gostaria muito de me aproximar."

10. "Sinto muito por ter me afastado. Prometo que, durante o tempo que nos resta, me aproximarei."

11. "Aprecio a nossa proximidade."

12. "Prometo que pararei de exigir provas do seu amor por mim."

13. "Pararei de esperar que seu amor seja de determinada forma."

14. "Aceitarei seu amor da forma que ele é, e não como espero que seja."

15. "Aceitarei seu amor, mesmo que não o sinta em suas palavras."

16. "Agradeço por ter me proporcionado tanto."

17. "Mãe/Pai, tive um dia terrível e tudo que eu precisava era telefonar para você."

18. "Mãe/Pai, podemos ficar mais um pouco no telefone? A sua voz me conforta."

19. "Mãe/Pai, posso me sentar aqui? É tão bom ficar ao seu lado."

Antes de tentar curar um relacionamento gravemente rompido com seus pais, talvez seja interessante fazer algumas sessões de psicoterapia centrada no corpo ou cultivar uma prática de atenção plena para aprender a se conectar com as sensações corporais. Ao adquirir a capacidade de observar suas reações ao estresse, é possível se monitorar e fornecer a si mesmo o necessário nas situações mais urgentes. É importante cultivar um sentimento interior que o guia e apoia. Por exemplo, certas técnicas de respiração propiciam uma noção física dos limites corporais, de modo que você prossiga no ritmo certo e mantenha a distância que acha apropriada. A distância ideal permite que você se sinta relaxado, sem precisar se defender ou se retrair para se conectar. Um limite consistente, mas flexível, proporciona o espaço apropriado para sentir as emoções e, ao mesmo tempo, desfrutar da conexão de cura estabelecida com seus pais. Afinal, ao conseguir respirar fundo o suficiente para identificar as sensações do seu corpo, você não precisa abandoná-lo.

Do Insight à Integração   161

Sentenças de Cura para um Progenitor Falecido

Mesmo quando a relação externa com nossos pais é distante ou inexistente, a interna continua a evoluir. Ainda que nossos pais já tenham falecido, é possível falar com eles. A seguir, há algumas sentenças que ajudam a reconstruir o vínculo que se rompeu ou nunca se desenvolveu totalmente:

1. "Por favor, me abrace enquanto durmo, pois meu corpo estará mais receptivo e acessível."

2. "Por favor, me ensine a confiar e a aceitar o amor."

3. "Por favor, me ensine a acolher."

4. "Por favor, me ajude a sentir mais paz em meu corpo."

Sentenças de Cura para um Progenitor Distante ou Desconhecido

Quando um dos pais foi embora ou nos entregou para sermos criados por outros, a dor pode parecer insuperável. Em certo sentido, a partida precoce costuma estabelecer um blueprint inconsciente para as muitas rejeições e os abandonos que ocorrem mais tarde em nossa vida. O ciclo de dor precisa chegar ao fim. Enquanto continuarmos a viver achando que fomos injustiçados ou vitimizados, provavelmente manteremos o padrão. Leia as sentenças a seguir e imagine que as está dizendo ao progenitor distante ou desconhecido.

1. "Se partir ou me deixar com outra pessoa facilitou a sua situação, eu entendo."

2. "Pararei de culpá-lo, pois sei que isso nos mantém reféns da dor."

3. "Buscarei apoio nos outros e tirarei uma lição favorável do que aconteceu."

4. "O que aconteceu entre nós será a fonte da minha força."

5. "Devido ao que aconteceu, ganhei uma força a qual recorrer."

6. "Obrigada por me conceder a vida. Prometo não desperdiçá-la."

Sentenças de Cura para a Fusão com um dos Progenitores

Enquanto alguns de nós rejeitamos um progenitor, outros se fundem com um deles de uma forma que ofusca a identidade e esgota a individualidade. Nesse tipo de relacionamento, podemos perder as oportunidades de autodefinição ou os limites que estabelecem quem somos e o que sentimos. Se este for o seu caso, você pode ler as sentenças a seguir como se as ouvisse na voz de sua mãe ou seu pai, permitindo que o seu corpo as recepcione. Observe quais palavras ou sentenças o afetam de maneira mais profunda.

Imagine Seu Progenitor Dizendo Estas Sentenças para Você

1. "Eu te amo por quem você é. Não precisa fazer nada para merecer meu amor."

2. "Você é meu filho e está dissociado de mim. Meus sentimentos não precisam ser os seus."

3. "Estive sempre muito próximo de você e percebo o quanto esse fardo é pesado."

4. "Minhas necessidades e emoções devem ter sobrecarregado você."

5. "Minhas necessidades prejudicaram seu espaço individual."

6. "Recuarei para que meu amor não sufoque você."

7. "Darei a você todo o espaço necessário."

8. "Minha proximidade impediu que você se conhecesse. Agora, permanecerei aqui e ficarei feliz por você viver sua própria vida."

9. "Você sempre cuidou de mim e eu permiti — agora chega."

10. "Esse é um fardo pesado demais para uma criança."

11. "Qualquer criança que tentasse consertar as situações se sentiria sobrecarregada. Essa responsabilidade não é sua."

Do Insight à Integração   163

12. "Recue até sentir sua própria vida fluir. Só assim estarei em paz."

13. "Não fui capaz de encarar minha própria dor até agora. Depositei em você o que me pertencia. Chegou o momento de devolver o que é meu. Assim, poderemos nos libertar."

14. "A minha presença foi mais do que suficiente, mas não a da sua mãe/do seu pai. Gostaria que vocês se aproximassem. É ao lado dela/dele que você precisa estar."

Agora visualize seu progenitor parado na sua frente e observe se há um sentimento interior de aproximação ou distanciamento. Existe uma sensação corporal que possibilita definir a distância ideal para você? Essa distância pode libertar, abrandar ou relaxar algo dentro de nós. Quando isso acontece, adquirimos maior espaço interior para sentir nossas emoções. Ao estabelecer a distância apropriada, pronuncie as sentenças a seguir, reparando em seus sentimentos à medida que as palavras são ditas.

Imagine Dizer Estas Sentenças para Seu Progenitor

1. "Mãe/Pai, estou aqui e você está aí."

2. "Seus sentimentos estão aí com você e os meus estão aqui comigo."

3. "Por favor, fique aí, mas não se afaste tanto."

4. "Respiro com mais facilidade quando tenho meu próprio espaço."

5. "Eu me retraio quando tento cuidar dos seus sentimentos."

6. "Responsabilizar-me por sua felicidade me sobrecarregou."

7. "Agora percebo que me anular fez com que nós dois ficássemos invisíveis."

8. "De agora em diante, viverei de forma plena, sabendo que você está comigo, me apoiando."

9. "Sempre que eu sentir minha respiração, saberei que você está feliz por mim."

10. "Agradeço por me enxergar e me ouvir."

Se você realizou as etapas deste capítulo, já deve ter percebido um novo tipo de paz interior. As sentenças de cura proferidas e as imagens, os rituais, as práticas e os exercícios experimentados podem ter ajudado a fortalecer o relacionamento com uma pessoa amada ou a aliviar um emaranhamento inconsciente com um parente. Se você finalizou essas etapas e sente a necessidade de algo mais, o próximo capítulo apresentará outra peça do quebra-cabeça — a investigação dos primeiros anos de vida. A separação materna precoce pode nos dissociar da vida, impossibilitando o alcance pleno da resolução. A seguir, exploraremos seus efeitos e abordaremos as muitas maneiras pelas quais ela pode deixar uma marca nas relações, no êxito, na saúde e no bem-estar.

Capítulo 11

A Linguagem Central da Separação

Não há influência tão poderosa quanto a da mãe.

— Sarah Josepha Hale, *The Ladies' Magazine and Literary Gazette*, **1829**

Nem toda linguagem central deriva de gerações anteriores. Há uma particularidade dessa linguagem que reflete a experiência avassaladora de crianças que foram separadas da mãe. Esse tipo de separação é um dos traumas mais comuns e frequentemente inexplorados. Quando sofremos uma ruptura significativa no vínculo materno, nossas palavras podem refletir uma ansiedade, uma frustração e um anseio intenso que permanecem ocultos e não curados.

Nos capítulos anteriores, descrevemos como nossos pais nos transmitem a força vital, estabelecendo um blueprint de como significamos a vida. Esse blueprint começa no útero e se configura antes mesmo de nascermos. Durante esse período, nossa mãe é o nosso mundo e, assim que nos dá à luz, seu toque, seu olhar e seu cheiro são nossas formas de contato com a própria vida.

Embora sejamos pequenos demais para dar sentido à vida, nossa mãe espelha nossas experiências em doses que podemos assimilar. Em um mundo ideal, quando choramos, seu rosto demonstra preocupação. Quando rimos, ela sorri de alegria, refletindo todas as nossas expressões. Se há sintonia, ela nos infunde uma sensação de segurança, valor e pertencimento por meio da ternura do toque, do calor da pele, da constância da atenção e até da docilidade do sorriso. Nossa mãe nos preenche com "coisas boas" e, em resposta, adquirimos um reservatório de "bons sentimentos" dentro de nós.

166 Não Começou com Você

Na tenra idade, precisamos encher nosso reservatório de "coisas boas" suficientes para nos certificar de que os bons sentimentos permanecerão dentro de nós, mesmo quando perdermos o rumo temporariamente. Quando o reservatório está cheio, confiamos que a vida correrá bem, mesmo que haja interrupções que nos desviem do caminho. Se recebemos pouco ou nada das "coisas boas" de nossa mãe, pode ser difícil ter essa confiança.

Em muitos níveis, as imagens que conservamos da "mãe" e da "vida" estão interligadas. Idealmente, nossa mãe cuida de nós e garante a nossa segurança. Ela nos conforta e nos dá o que precisamos para sobreviver quando somos pequenos demais para fazer isso por conta própria. Quando somos tratados dessa forma, começamos a confiar na sensação de que estamos seguros e de que a vida nos fornecerá o imprescindível. Após reiteradas experiências de obter o que precisamos de nossa mãe, aprendemos que também podemos nos prover do necessário. Em essência, sentimos que somos "suficientes" para nos dar "o suficiente". Então, a vida parece conspirar para nos proporcionar o que precisamos. Quando a conexão materna flui livremente, a saúde, o dinheiro, o sucesso e o amor parecem, muitas vezes, fluir em nossa direção.

No entanto, quando o vínculo inicial com nossa mãe é interrompido, o medo, a insuficiência e a desconfiança podem se tornar o padrão. Independentemente de ser uma ruptura permanente, como no caso de uma adoção, ou uma temporária que não foi restaurada por completo, a lacuna entre mãe e filho pode ser um terreno fértil para muitas dificuldades. O rompimento do vínculo é como a perda da tábua de salvação. É como se nos despedaçássemos e precisássemos de nossa mãe para nos recompor.

Quando a ruptura é apenas temporária, é essencial que nossa mãe permaneça estável, presente e acolhedora durante a reparação. A experiência de perdê-la pode ser tão devastadora que hesitamos ou resistimos a nos reconectar. Se ela não consegue tolerar nossa hesitação, ou interpreta nossa resistência como uma rejeição, pode reagir se defendendo ou se distanciando, mantendo, assim, o vínculo prejudicado e rompido. Ela pode nunca entender por que se sente desconectada e acabar remoendo sentimentos de dúvida, decepção e insegurança em relação à capacidade de ser nossa mãe

A Linguagem Central da Separação   167

— ou pior, desenvolver irritação e raiva. Uma ruptura que não é restaurada pode abalar as estruturas de nossos relacionamentos futuros.

Uma característica essencial dessas experiências iniciais é que elas não podem ser recuperadas em nossos bancos de memória. Durante a gestação e a infância, o cérebro não está preparado para transformar as experiências em histórias que se tornam memórias. Sem as memórias, os anseios não satisfeitos podem se manifestar inconscientemente como impulsos, desejos e aspirações que procuramos satisfazer no próximo trabalho, nas próximas férias, na próxima taça de vinho e até mesmo no próximo parceiro. De forma semelhante, o medo e a ansiedade da separação precoce podem distorcer a realidade, fazendo com que as situações difíceis e desconfortáveis pareçam catastróficas e ameaçadoras.

Apaixonar-se pode desencadear emoções intensas, já que, naturalmente, nos faz retornar à experiência inicial com nossa mãe. Nos relacionamentos amorosos, tendemos a ter sentimentos semelhantes ao que tivemos por ela. Encontramos uma pessoa especial e dizemos a nós mesmos: "Finalmente, achei alguém que cuidará bem de mim, que entenderá *todos* os meus desejos e me dará *tudo* de que preciso." Entretanto, esses sentimentos são apenas a ilusão de uma criança que anseia por reviver a proximidade materna que sentiu ou queria sentir.

Sem saber, muitos esperam que o parceiro satisfaça as necessidades que não foram satisfeitas pela mãe. Essa expectativa equivocada é uma receita para o fracasso e a decepção. Se o parceiro começa a agir como um progenitor e tenta satisfazer as necessidades não atendidas, o romantismo pode ser anulado. Se ele falhar em satisfazê-las, o outro pode se sentir traído ou negligenciado.

Uma separação materna precoce pode prejudicar a estabilidade em um relacionamento amoroso. Inconscientemente, tememos que a proximidade desapareça ou seja afetada. Em resposta, nos apegamos ao nosso parceiro, como podemos ter feito com nossa mãe, ou o afastamos na expectativa de extinguir a intimidade. Costumamos expressar ambos os comportamentos no mesmo relacionamento, fazendo com que o nosso parceiro se sinta preso em uma eterna montanha-russa emocional.

Tipos de Separação

Embora a grande maioria das mulheres se prepare para a maternidade com a melhor das intenções, situações incontroláveis podem levar a inevitáveis separações precoces do filho, sendo algumas de natureza física. Além da adoção, eventos que envolvem um longo período de separação, como complicações no parto, internações, doenças, trabalho ou viagens longas, ameaçam o vínculo em desenvolvimento.

Desconexões emocionais podem ter o mesmo efeito. Quando a mãe está fisicamente disponível, mas sua atenção e seu foco são esporádicos, a criança não se sente segura e protegida. Na infância, da mesma forma que precisamos da presença materna física, também precisamos da presença emocional e ativa. Quando a mãe sofre um trauma — como perda de saúde, de uma gravidez, de um filho, do pai, da mãe, do parceiro ou da casa —, sua atenção pode ser desviada. A criança, por sua vez, vivencia o trauma de perdê-la.

As desconexões entre mãe e filho também podem ocorrer no útero. Altos níveis de medo, ansiedade, depressão, um relacionamento estressante, a morte de um ente querido, uma atitude negativa em relação à gravidez e um aborto anterior podem interromper a sintonia da mãe com o bebê em desenvolvimento.

Se há falhas no cuidado ou na atenção materna, ou dificuldades durante a gravidez ou o parto, nem tudo está perdido, pois, felizmente, o potencial para restaurar o vínculo não se restringe à infância. A cura pode acontecer a qualquer momento da vida. Identificar a linguagem central é o primeiro passo.

A Linguagem Central da Separação

As separações precoces, assim como outros tipos de traumas abordados neste livro, criam um ambiente no qual a linguagem central pode florescer. Ao escutar um vínculo interrompido, costumamos encontrar palavras de anseio por conexão, bem como palavras de raiva, julgamento, crítica ou cinismo.

Exemplos de Sentenças Centrais da Separação Precoce

"Serei abandonado."

"Ficarei desamparado."

"Serei rejeitado."

"Ficarei sozinho."

"Não terei ninguém."

"Ficarei indefeso."

"Perderei o controle."

"Não sou importante."

"Ninguém me quer."

"Não sou o suficiente."

"Sou um fardo."

"Eles/Elas me abandonarão."

"Eles/Elas me magoarão."

"Eles/Elas me trairão."

"Serei anulado."

"Serei destruído."

"Minha existência será em vão."

"Não há esperança."

Existe a possibilidade de que sentenças centrais como essas provenham de uma geração anterior, e não necessariamente da ruptura no vínculo materno. Podemos nascer com o sentimento e nunca descobrir sua origem.

Uma característica comum da separação precoce é a forte rejeição da mãe, combinada com o sentimento de culpa por ela não atender às nossas necessidades. Porém, esse nem sempre é o caso. Podemos ter um grande amor por nossa mãe, mas, como o vínculo nunca se desenvolveu totalmente, a consideramos fraca, frágil e necessitada de cuidados. Em nossa necessidade de vínculo materno, a dedicação pode se inverter. Sem saber, tentamos fornecer a ela o mesmo zelo de que precisamos desesperadamente.

Em pessoas que sofreram uma ruptura no vínculo, é comum ouvir reclamações e descritores centrais como os apresentados no Capítulo 7. Relembremos:

- "Minha mãe era insensível e distante. Nunca me acalentava. Eu não confiava nela."
- "Minha mãe estava sempre ocupada, nunca tinha tempo para mim."
- "Minha mãe e eu somos muito próximos. Cuido dela como uma irmã mais nova."
- "Minha mãe era fraca e frágil. Eu era muito mais forte do que ela."
- "Nunca quero ser um fardo para minha mãe."
- "Minha mãe era distante, emocionalmente indisponível e crítica."
- "Ela sempre me afastou. Na verdade, não se importa comigo."
- "Não estabelecemos uma relação."
- "Sinto-me muito mais próximo da minha avó. Foi ela quem me criou."
- "Minha mãe é totalmente egocêntrica. Tudo gira em torno dela. Nunca me demonstrou amor."
- "Ela pode ser muito calculista e manipuladora. Não me passava segurança."
- "Tenho medo dela. Sempre foi imprevisível."
- "Não somos próximos. Ela nunca agiu como mãe."
- "Nunca quis ter filhos. Não tenho instinto materno."

A Solidão de Wanda

Wanda era uma mulher alcoolista e depressiva de 62 anos. Com três casamentos fracassados e muitas noites de solidão, ela raramente tinha paz em sua vida. Seus descritores centrais sobre a mãe diziam tudo.

Descritores Centrais de Wanda: "Minha mãe era insensível, indiferente e distante."

Analisemos o acontecimento que gerou esse tipo de linguagem central. Antes de Wanda nascer, sua mãe, Evelyn, sofreu uma terrível tragédia. Enquanto amamentava a filha recém-nascida, ela acidentalmente adormeceu, se inclinou e sufocou a bebê. Ao acordar, encontrou Gail, a irmã mais velha que Wanda nunca conheceria, morta em seus braços. Em sua dor inconsolável, Evelyn e o marido conceberam Wanda. A nova gravidez foi a resposta às suas orações, possibilitando que focassem o presente e esquecessem o passado. Todavia, um passado como esse nunca poderia ser esquecido. A terrível morte de Gail e a culpa resultante se infiltrariam em cada fluxo da maternidade de Evelyn, afetando sua relação com a filha mais nova e limitando a consistência e a disponibilidade de seu amor.

Wanda acreditava que o distanciamento da mãe era pessoal. Qualquer menina em sua situação se sentiria da mesma forma. Ela se lembrava de ter sido acalentada quando criança. Ao perceber a distância materna, reagiu protegendo-se. Por sentir que a mãe não a amava, acabou se blindando.

Talvez Evelyn se julgasse uma péssima mãe que não merecia ter outro filho. Talvez achasse que não era digna de uma segunda chance depois do que aconteceu com Gail. Talvez receasse que Wanda também morresse, uma dor que não seria capaz de tolerar, então inconscientemente se distanciou dela. Talvez a segunda filha tenha percebido essa distância mesmo no ventre materno. Talvez Evelyn achasse que se aproximar e amamentar também poderia machucar Wanda. Quaisquer que fossem seus pensamentos e emoções, o trauma da morte de Gail acarretou a separação.

Wanda demorou sessenta anos para fazer a ligação e compreender que o distanciamento materno não era pessoal, mas relacionado à morte de Gail. Ela passou a vida toda culpando e odiando a mãe por não lhe dar amor suficiente. Quando finalmente entendeu a magnitude da dor materna, Wanda se levantou no meio da sessão e pegou sua bolsa. "Tenho que ir para casa", disse. "Não há muito tempo. Minha mãe tem 85 anos e preciso dizer a ela que a amo."

A Ansiedade das Separações Precoces

Jennifer tinha 2 anos de idade na noite em que os homens apareceram na porta de sua casa. Ela ouviu sua mãe arfar e a observou desabar no chão, soluçando. Os homens anunciaram que seu pai morrera na explosão de uma plataforma de perfuração. A mãe acabara de ficar viúva, aos 26 anos. Aquela foi a primeira noite em que não colocou Jennifer na cama com um beijo na testa enquanto a filha adormecia.

Depois daquela noite, as coisas nunca mais foram as mesmas. Jennifer e seu irmão de 4 anos foram levados para a casa da tia por algumas semanas, pois a mãe estava em estado de choque emocional. Durante esse tempo, ela visitava as crianças. A filha corria até a porta para ver a mãe, mas era como se uma estranha a tivesse substituído. A mulher que se inclinava para abraçá-la tinha o rosto vermelho e inchado, praticamente irreconhecível. Isso a assustava. Quando os braços da mãe a entrelaçavam, a menina paralisava. Queria contar o quanto estava assustada, mas, aos 2 anos, já compreendia que a mãe estava diferente — parecia frágil e tinha pouco a oferecer. Demoraria anos até que Jennifer descortinasse essas memórias.

Aos 26 anos, ela teve seu primeiro ataque de pânico. Estava no metrô voltando para casa após fazer uma apresentação bem-sucedida para a equipe de gestão no trabalho. De repente, sua visão começou a ficar turva. Era como se estivesse olhando por trás de uma cachoeira. Seus ouvidos tamparam e ela começou a sentir tontura e medo. As sensações eram tão estranhas que Jennifer pensou que estava tendo um derrame. Viu-se paralisada, incapaz de pedir ajuda.

A Linguagem Central da Separação   173

O segundo ataque aconteceu na semana seguinte, antes de outra apresentação no trabalho. O terceiro ocorreu enquanto ela fazia compras. No final daquele mês, eles já eram cotidianos.

Se pudesse ouvir sua própria linguagem central, Jennifer teria descoberto sentenças como: "Não superarei isso"; "Perdi tudo"; "Estou sozinha"; "Fracassarei"; "Eles me rejeitarão"; "Eles não vão me querer mais".

Acessar esses medos já era meio caminho andado.

Jennifer se lembrou de uma época anterior, quando se sentia incapaz e paralisada. Embora fosse próxima da mãe, descreveu-a como frágil, sozinha, carente, gentil e amorosa. À medida que pronunciava as palavras, ela compreendia sua impotência como uma garotinha tentando amenizar o luto materno. Essa tarefa impossível para uma criança fez com que se sentisse sozinha, insegura e com medo de fracassar.

Relacionar os ataques de pânico à infância permitiu que Jennifer identificasse a fonte de sua ansiedade. Sempre que a sensação de pânico emergia, ela conseguia neutralizá-la, lembrando-se de que eram apenas sentimentos de uma garotinha assustada. Assim que identificou essa sensação interna, foi capaz de atenuar a ansiedade. Além de aprender a prolongar e aprofundar a respiração enquanto mantinha o foco e a atenção nas sensações de ansiedade em seu peito, Jennifer descobriu as palavras que a teriam acalmado quando criança. Ela respirava e dizia a si mesma: "Estou ao seu lado e vou cuidar de você. Nunca mais terá que ficar sozinha com esses sentimentos. Garanto que vou manter você segura." Quanto mais praticava, mais confiava em sua capacidade de se cuidar.

Tricotilomania — Arrancar pela Raiz

Por dezesseis anos, Kelly arrancava os cabelos, os pelos das sobrancelhas e os cílios. A fim de esconder as falhas, usava cílios postiços, pintava as sobrancelhas e prendia os cabelos para trás. Arrancar os cabelos (tricotilomania) era um ritual noturno. Todas as noites, por volta das 21h, Kelly se sentava sozinha em seu quarto, sobrecarregada com sentimentos de ansiedade que dominavam seu corpo. Suas mãos, "precisando fazer algo", não sossegavam até que ela arrancasse uma grande quantidade de cabelo. "É como uma libertação", disse. "Isso me relaxa."

Aos 13 anos, sua melhor amiga, Michelle, a rejeitou. Ela nunca entendeu o motivo do distanciamento repentino, mas os sentimentos de perda eram insuportáveis. Logo depois, Kelly começou a arrancar os cabelos. "Deve ter algo de errado comigo", pensava. "Não devo ser o suficiente para que ela continuasse minha amiga." Como veremos, essas sentenças eram como placas de sinalização nas estradas de sua linguagem central. Subjacentes à consciência, apenas esperando para serem descobertas, elas direcionariam Kelly a um evento ainda mais antigo e significativo — uma ruptura no vínculo materno.

Quando tinha 1 ano e meio, ela fez uma cirurgia intestinal e ficou separada da mãe por dez dias. Todas as noites, ao final do horário de visitas (aproximadamente 21h), a mãe a deixava, para cuidar da filha recém-nascida e do filho mais velho em casa.

É possível imaginar os sentimentos de ansiedade que Kelly deve ter sentido ao ser deixada sozinha pela mãe no quarto de hospital. Inconscientemente, esses sentimentos se manifestaram em sua tricotilomania. Todas as noites, mais ou menos às 21h, eles fervilhavam em seu corpo até que ela encontrasse uma maneira alternativa de controlá-los — literalmente arrancando-os pela raiz.

O pior medo de Kelly, expresso em sua sentença central, revelou a origem do trauma. "A pior coisa que pode acontecer comigo é ficar sozinha. Ser abandonada. Enlouquecer."

Sentença Central de Kelly: "Ficar sozinha. Ser abandonada. Enlouquecer."

Aos 13 anos, ela reviveu esses sentimentos. Michelle e Kelly eram inseparáveis até que, de repente, a amiga se afastou para se juntar às meninas "populares", que passaram a menosprezá-la. Kelly se sentiu "abandonada, rejeitada e desprezada".

A partir de uma perspectiva mais ampla, essa experiência pode ser considerada uma "oportunidade perdida" de cura maior, que direcionaria Kelly ao trauma mais profundo e significativo de ter sido deixada no hospital pela mãe. Entretanto, poucas pessoas, ao confrontarem suas dificuldades, as utilizam como placas de sinalização. Em vez disso, elas se concentram em aliviar o sofrimento e raramente buscam a origem. Ao reconhecermos a sabedoria da linguagem central, os sintomas do sofrimento podem se tornar nosso maior aliado.

A Metáfora da Tricotilomania de Kelly

A linguagem central revelou o quanto Kelly tinha medo de "ficar sozinha". Na verdade, ela começou a arrancar os cabelos (a expressão não verbal da linguagem central) logo depois que Michelle se afastou. Embora a tricotilomania tenha acarretado a descoberta do trauma original, ela também é uma metáfora para duas coisas indissociáveis e que foram separadas uma da outra. Kelly tirava o cabelo do folículo que o sustentava. A imagem é semelhante à de um bebê sendo separado da mãe que o segura.

Muitas vezes, comportamentos idiossincráticos reproduzem aspectos que não podem ser conscientemente observados ou analisados. Ao explorarmos nossos sintomas, é possível descobrir uma verdade mais profunda, visto que eles costumam atuar como sinais que indicam a direção daquilo que precisamos curar ou resolver. Assim que assimilou o significado da sua tricotilomania, Kelly encontrou a origem de seu sofrimento e se libertou de uma vida de ansiedade.

A Resolução de Kelly

Em seu abdômen, Kelly localizou as sensações desconfortáveis de "ficar sozinha". Ela colocou as mãos sobre a área ansiosa e permitiu que a respiração preenchesse sua barriga. Ao sentir a região subindo e descendo sob as mãos, Kelly imaginou-se segurando e acalentando sua parte infantil que ainda parecia assustada e sozinha. Quando o movimento começou a acalmá-la, disse a si mesma: "Estarei ao seu lado sempre que se sentir sozinha e assustada. Colocarei minhas mãos aqui e respiraremos juntas até que você se acalme." Após uma sessão, ela parou de arrancar os cabelos.

Separação: A Origem do Conflito Interno

Às vezes, a liberdade que buscamos nos escapa. Incapazes de nos sentir à vontade dentro de nosso corpo, procuramos alívio na próxima taça de vinho, na próxima compra, na próxima mensagem de texto, no próximo telefonema ou no próximo parceiro sexual. Quando a origem do anseio é o cuidado da mãe, o alívio raramente é alcançado. Para aqueles que foram privados do amor materno, o mundo pode ser uma eterna busca por conforto.

Myrna tinha 2 anos quando a mãe acompanhou o pai em uma viagem de negócios à Arábia Saudita e a deixou com uma babá por três semanas. Durante a primeira semana, a menina agarrou-se ao suéter que a mãe usava nas noites frias enquanto a acalentava. Consolada pela sensação e pelo cheiro familiares, ela se enrolava em volta dele e se ninava para dormir. Na segunda semana, recusou-se a pegar o suéter quando a babá o ofereceu. Em vez disso, virou-se, chorando, e chupou o polegar para adormecer.

Após três semanas longe, a mãe entrou pela porta, ansiosa para abraçar a filha. Ela esperava que Myrna corresse para seus braços como sempre fazia, mas não foi o que aconteceu. A menina mal tirou os olhos das bonecas. Surpresa e confusa, a mãe não pôde deixar de perceber a sensação do próprio corpo se contraindo pelos sentimentos de rejeição. Nos dias seguintes, ela racionalizou a experiência, dizendo a si mesma que a filha estava se tornando "uma criança muito independente".

Sem saber da importância de restaurar o vínculo frágil, a mãe perdeu de vista a vulnerabilidade da filha, mantendo-se um pouco distante, o que aprofundou os sentimentos de solidão de Myrna. A distância se alastrou por suas experiências de vida, prejudicando a capacidade de se sentir segura e protegida em relacionamentos futuros. Sentimentos de abandono e frustração se manifestaram na linguagem central: "Não me deixe"; "Eles nunca voltarão"; "Ficarei sozinha"; "Sou indesejada"; "Eles não entendem quem sou"; "Sou invisível e incompreendida".

Para Myrna, se apaixonar era um campo minado de imprevisibilidade. A vulnerabilidade de precisar de outra pessoa era tão aterrorizante que, sempre que dava um passo em direção ao seu desejo, ela encontrava um nível mais profundo de seu medo. Incapaz de relacionar o conflito à infância, Myrna encontrou defeitos em todos os homens que tentaram amá-la, muitas vezes deixando-os antes que pudessem abandoná-la. Aos 30 anos, esquivou-se de três possíveis casamentos.

O conflito interno de Myrna também acometeu sua carreira. Cada vez que aceitava um novo cargo, ficava cheia de dúvidas, temendo um desastre inevitável. Algo daria terrivelmente errado. Eles não gostariam dela. Ela não seria o suficiente. Eles se distanciariam. Ela não confiaria neles. Eles a trairiam. Esses eram os mesmos sentimentos tácitos que Myrna tinha por um parceiro — semelhantes aos que nunca resolvera com a mãe.

Muitas pessoas têm conflitos semelhantes aos de Myrna e não conseguem identificar a origem. A importância do vínculo inicial com a mãe não pode ser subestimada. Ao chegarmos neste mundo, ela é nosso primeiro relacionamento. Nosso primeiro amor. A conexão ou falta de conexão materna estabelece um blueprint essencial para a vida. Compreender o que aconteceu na nossa infância pode descortinar um dos motivos ocultos do imenso sofrimento em nossas relações.

Interrupções no Fluxo da Vida

A primeira imagem de quem somos e de como a vida acontecerá começa no útero. Durante a gravidez, as emoções maternas permeiam nosso mundo, influenciando a definição de nossa natureza básica — calma ou agitada, receptiva ou desafiadora, resiliente ou inflexível.

"A evolução da mente [da criança] em algo essencialmente rígido, fechado e nocivo ou flexível, fluido e aberto depende muito das emoções e dos pensamentos [da mãe] serem negativos e ambivalentes ou positivos e reforçadores", explica Thomas Verny. "É evidente que dúvidas e incertezas ocasionais não prejudicarão a criança, pois são sentimentos naturais e inofensivos. O que deve ser considerado é o padrão de comportamento contínuo e definido."[1]

Quando a experiência inicial com a mãe é interrompida por uma ruptura significativa no vínculo, fragmentos de dor e vazio podem destruir o bem-estar e acarretar uma desconexão do essencial fluxo da vida. Se a relação entre mãe e filho (ou cuidador e criança) permanece rompida, vazia ou carregada de indiferença, um fluxo de imagens negativas pode manter a criança em um padrão de frustração e insegurança. Em casos extremos, quando as imagens negativas são contínuas e implacáveis, a frustração, a raiva, o torpor e a insensibilidade podem emergir.

Esse perfil é comumente associado a comportamentos sociopatas e psicopatas. No livro *High Risk: Children without a conscience* [sem publicação no Brasil], Dr. Ken Magid e Carole McKelvey afirmam: "Todos nós temos certo grau de raiva, mas a dos psicopatas é aquela que provém de necessidades não satisfeitas na infância."[2] Eles descrevem a "dor incompreensível" da criança como resultado de um abandono ou uma ruptura precoce no vínculo.

Psicopatas e sociopatas estão na extremidade de uma ampla gama de interrupções severas no vínculo. Esses casos extremos refletem o quão essencial é o papel da mãe ou do cuidador na formação da compaixão, da empatia e do respeito da criança por si mesma, pelos outros e pela vida.

No entanto, a maioria das pessoas que sofreu uma ruptura no vínculo materno recebeu o suficiente do que necessitava — mesmo com as lacunas. Seria ilusório esperar que uma mãe estivesse perfeitamente sintonizada com seu filho 100% do tempo. As interrupções na sintonia são inevitáveis. Quando acontecem, o processo de reparo pode ser uma experiência positiva de crescimento, dando à mãe e ao filho a oportunidade de aprender a lidar com breves momentos de angústia e, depois, procurar um ao outro para se reconectar. O mais importante é que o reparo aconteça. Na verdade, a reparação constante da relação desenvolve um senso de confiança e ajuda a estabelecer um vínculo seguro entre mãe e filho.[3]

Mesmo que a conexão materna permaneça relativamente intacta, é possível que haja dificuldades com sentimentos incompreendidos. Podemos sofrer com o medo de sermos menosprezados, rejeitados ou abandonados, ou com o sentimento de sermos expostos, depreciados ou envergonhados. Todavia, quando esses sentimentos são considerados no contexto da experiência inicial com a nossa mãe — provavelmente de uma época que não lembramos —, nos tornamos mais conscientes da insuficiência e mais capazes de viabilizar a cura.

Capítulo 12

A Linguagem Central dos Relacionamentos

A distância de sua dor, de seu pesar, de suas mágoas negligencia-
das é a distância de seu parceiro.

— **Stephen e Ondrea Levine**, *Embracing the Beloved*

Para muitos de nós, o maior desejo é se apaixonar e ter um relacionamento feliz. Porém, devido à forma como nossa família costuma manifestar inconscientemente o amor, talvez nosso modo de amar seja compartilhando a infelicidade ou repetindo os padrões de nossos pais e avós.

Neste capítulo, analisaremos as lealdades inconscientes e as dinâmicas ocultas que limitam a capacidade de ter relacionamentos satisfatórios. Nós nos questionaremos: estamos realmente disponíveis para um parceiro?

Não importa quanto sucesso tenhamos atingido, quão boas sejam nossas habilidades de comunicação, de quantos retiros de casais participemos ou a clareza de nossa compreensão dos padrões de evasão da intimidade; se houver emaranhamento na nossa história familiar, podemos nos distanciar da pessoa que mais amamos. Inconscientemente, reproduziremos os padrões familiares de carência, desconfiança, raiva, desistência, afastamento, abandono ou desamparo, culpando nosso parceiro pela infelicidade cuja origem nos precede.

Muitos dos problemas vividos em um relacionamento não derivam dele, mas, sim, da dinâmica que existia em nossa família muito antes de nascermos.

Por exemplo, se uma mulher morreu ao dar à luz, uma onda de repercussões pode submergir os descendentes em medo e infelicidade inexplicáveis. As filhas e netas talvez tenham medo de se casar, pois o casamento pode acarretar filhos, que, por sua vez, podem levar à morte. Superficialmente, elas podem dizer que não querem se casar ou ter filhos, reclamar que nunca encontraram a pessoa certa ou afirmar que estão muito ocupadas para começar uma família. Subjacente às suas reclamações, a linguagem central contaria uma versão diferente. As sentenças centrais, em sintonia com a história familiar, podem soar mais ou menos assim: "Se eu me casar, algo terrível pode acontecer. Posso morrer. Meus filhos acabariam sem mim. Eles ficariam sozinhos."

Os filhos e netos da mesma família também podem ser afetados. Talvez temam o compromisso com uma esposa, já que a vida sexual do casal pode ocasionar a morte dela. Suas sentenças centrais seriam: "Eu poderia machucar alguém e seria minha culpa. Eu nunca me perdoaria."

Medos como esses se escondem no plano de fundo da nossa vida e, inconscientemente, orientam muitos dos comportamentos que exprimimos e das escolhas que fazemos e deixamos de fazer.

Seth, um homem com quem trabalhei, se autointitulava alguém que "agradava às pessoas" e tinha medo de desapontar seus conhecidos próximos. Receava que, se ficassem descontentes, o rejeitariam e o abandonariam. Temia morrer sozinho, desconectado de todos. Com esse medo atuando nos bastidores, ele frequentemente concordava em fazer coisas que não queria e falava coisas que nem sempre pretendia. Costumava dizer sim quando queria dizer não e, em resposta à raiva que sentia daqueles que tentava agradar, dizia não quando queria dizer sim. Na maior parte do tempo, Seth vivia de forma inautêntica, culpando a esposa por sua própria infelicidade. Ele terminou com ela na tentativa de escapar do padrão, mas apenas o recriou com sua parceira seguinte. Seth só conseguiu encontrar paz com uma parceira quando percebeu como seus medos se manifestavam nos relacionamentos.

Dan e Nancy

Dan e Nancy, um casal bem-sucedido na faixa dos 50 anos, pareciam ter tudo. Dan, um CEO de uma grande instituição financeira, e Nancy, uma administradora de hospital, eram os orgulhosos progenitores de três filhos com ensino superior, todos em ótima situação. Com o ninho vazio, o casal tinha que enfrentar o fato de que as esperanças de uma aposentadoria feliz haviam diminuído. O casamento estava com problemas. "Não fazemos sexo há mais de seis anos", revelou Nancy. "Vivemos como estranhos." Dan perdera o desejo sexual por Nancy anos atrás, mas não conseguia identificar exatamente quando. Ele queria continuar casado, mas ela, a essa altura, não tinha certeza. Ambos já haviam esgotado os caminhos do aconselhamento matrimonial laico e do religioso. Analisemos suas dificuldades de relacionamento por meio da abordagem da linguagem central.

O Problema (A Reclamação Central)

Observe a linguagem central da reclamação de Nancy: "Sinto que ele não tem interesse em mim. Dan é distante na maior parte do tempo. Não recebo atenção suficiente e raramente me sinto conectada a ele, que sempre está mais interessado nas crianças."

Agora, repare na linguagem central de Dan: "Ela nunca está satisfeita comigo. Nancy me culpa por tudo. Ela exige mais do que posso dar."

Se interpretadas literalmente, essas palavras exemplificam os tipos comuns de reclamações matrimoniais. Porém, se examinadas com mais profundidade, elas formam um mapa que leva a uma fonte inexplorada de descontentamento. O mapa de Dan e Nancy os conduziu diretamente ao que não havia sido resolvido em seus sistemas familiares.

Para encontrar o mapa de linguagem central de um problema de relacionamento, é preciso revisitar as quatro ferramentas, fazer quatro perguntas e ouvir atentamente o que é revelado.

As Perguntas

1. **A Reclamação Central: Qual é a sua maior reclamação sobre o seu parceiro?** Esta pergunta é o ponto de partida. As informações obtidas geralmente se relacionam a pendências com um ou ambos os progenitores, as quais acabamos projetando em nosso parceiro. Quer sejamos homens ou mulheres, uma regra parece válida: *o que achamos não ter recebido de nossa mãe, aquilo que permanece pendente na relação materna, costuma preparar o terreno para o que vivenciamos com nosso parceiro.* Se consideramos nossa mãe distante ou se rejeitamos seu amor, provavelmente também nos distanciaremos do amor de nosso parceiro.

2. **Os Descritores Centrais: Quais adjetivos ou frases você escolheria para descrever sua mãe ou seu pai?** Com esta pergunta, procuramos lealdades inconscientes e formas de distanciamento dos nossos pais. Ao elaborar uma lista de adjetivos e frases para descrevê-los, alcançamos o núcleo de nossos sentimentos mais profundos, identificando acusações e ressentimentos antigos que ainda guardamos. Ao projetar a inquietação interna em nosso parceiro, acessamos esse mesmo reservatório inconsciente da infância.

   Para muitos, os descritores centrais derivam de imagens de enganação e insatisfação na infância. Podemos sentir que nossos pais não nos deram o suficiente ou não nos amaram da maneira certa. Ao carregar essas imagens, culpando-os pelo descontentamento que sentimos, os relacionamentos raramente dão certo. Veremos nosso parceiro por meio de uma perspectiva antiga e distorcida, já esperando que ele nos negue o amor de que precisamos.

3. **A Sentença Central: Qual é o seu pior medo? Qual é a pior coisa que pode acontecer com você?** Como aprendemos no Capítulo 8, a resposta destas perguntas se torna a sentença

central, o medo central que reverbera de um trauma não resolvido na infância ou na história familiar.

A essa altura, você já deve saber sua sentença central. Como ela pode limitar seu relacionamento? Como ela afeta sua capacidade de se comprometer com um parceiro? Você é capaz de baixar a guarda quando está com ele ou se fecha devido ao medo de se magoar?

4. **O Trauma Central: Quais tragédias ocorreram em sua história familiar?** Como vimos nos capítulos anteriores, esse tipo de pergunta nos oferece uma lente sistêmica que possibilita a identificação dos padrões transgeracionais que afetam os relacionamentos, pois, com frequência, os problemas enfrentados por um casal têm origem na história familiar. Geralmente, o sofrimento conjugal e os conflitos de relacionamento podem ser detectados em um heredograma por várias gerações.

Cada pergunta suscita palavras intensas e emocionalmente carregadas. Muitas vezes, o trauma familiar se manifesta na linguagem verbal, fornecendo palavras-chave significativas e pistas que levam à sua origem.

Agora que temos a estrutura, analisemos parte da linguagem central de Dan e Nancy. Nos primeiros instantes da sessão, eles já tinham disparado acusações um contra o outro. Havia chegado o momento de ouvir as descrições de seus pais.

Adjetivos e Frases (Os Descritores Centrais)

Sem saber, Nancy descreveu a mãe quase da mesma forma que retratou o marido. "Minha mãe era emocionalmente distante. Nunca me senti conectada a ela. Nunca pude contar com seu apoio quando precisava. Sempre que eu tentava, minha mãe não sabia como cuidar de mim." As pendências maternas de Nancy pareciam cair diretamente sobre os ombros de Dan.

O relacionamento não resolvido de Nancy com a mãe não era o único fator que afetava seu vínculo com Dan. Na família dela, todas as mulheres estavam descontentes com os maridos. "Minha mãe sempre estava insatisfeita com meu pai", disse. Esse padrão também se manifestou na geração anterior. A avó de Nancy referia-se ao avô como "aquele bêbado imprestável".

Imagine o impacto que tal afirmação teve sobre a mãe de Nancy. Tendo crescido alinhada com a própria mãe, ela teria poucas chances de ser feliz com o marido. Como poderia se permitir ter mais? Mesmo se estivesse satisfeita em seu casamento, como poderia compartilhar essa felicidade com a mãe que sofreu tanto com o marido? Em vez disso, inconscientemente manteve o padrão e criticava o pai de Nancy.

Dan, por sua vez, descreveu a mãe como uma pessoa muito depressiva e ansiosa. Quando menino, sentiu que precisava cuidar dela. "Ela exigia muito de mim... muito." Ele fitou as mãos, que estavam cuidadosamente dobradas em seu colo. "Meu pai estava sempre trabalhando. Senti que tinha que dar a ela uma atenção que ele não podia." Dan contou que, de vez em quando, a mãe era internada devido a graves episódios de depressão. Pela história familiar, ficou claro por que ela sofria. A avó de Dan morreu de tuberculose quando a filha tinha apenas 10 anos. A perda a devastou. Outra grande perda aconteceu quando o irmão mais novo de Dan morreu ainda bebê. Nesse ponto, sua mãe foi internada por seis semanas e recebeu tratamento de choque. Ele tinha 10 anos na época.

Para piorar a situação, Dan se sentia distante do pai, descrevendo-o como "fraco e inútil". "Meu pai não era capaz de ser um homem para minha mãe." Ele ainda retratou o pai, um trabalhador ucraniano imigrante, como sendo de uma classe social mais baixa do que a da mãe. "Nunca poderia se comparar aos homens da família dela, que eram profissionais formados." Seus julgamentos prejudicaram a conexão paterna.

Sem querer, quando um homem rejeita o pai, ele se distancia da fonte de sua masculinidade. Já aquele que admira e respeita o pai costuma se sentir à vontade com sua masculinidade e é mais provável que imite as características paternas. Em um relacionamento, isso pode se traduzir na facilidade com comprometimento, responsabilidade e estabilidade. O mesmo se aplica às mulheres. Aquela que ama e respeita a mãe geralmente fica à vontade com sua feminilidade e tem maior probabilidade de expressar a admiração materna em seu relacionamento.

Dan também se distanciara do pai por outro motivo. Ele assumira o papel de confidente da mãe e, involuntariamente, invadiu o território pertencente ao pai. Não escolheu essa situação de forma consciente, mas, assim como muitos meninos que sentem a necessidade da mãe, achava que era sua responsabilidade cuidar dela. Ao fazê-lo, ele podia sentir sua alegria e, da mesma forma, seu retraimento quando o pai estava por perto. Sentindo-se preferido pela mãe, Dan aprendeu a se sentir superior ao pai.

Ele até mesmo absorveu os sentimentos de desaprovação da mãe em relação ao pai. Ao rejeitá-lo, Dan não apenas se desconectou de sua masculinidade, mas, inconscientemente, preparou o terreno para repetir uma dinâmica semelhante em seu casamento com Nancy. Assim como o pai, tornou-se um marido "fraco e inútil".

De forma semelhante, Nancy não podia recorrer à feminilidade da mãe. Em algum momento da infância, ela decidiu parar de buscar o apoio materno, crescendo com a sensação de que não recebera o suficiente e culpando a mãe por não lhe dar a atenção que tanto desejava. Mais tarde, essa flecha de descontentamento foi apontada para Dan. Aos olhos de Nancy, ele também não conseguia proporcionar o apoio necessário.

Embora Dan e Nancy tenham se unido para criar os filhos, era fácil se distrair com as necessidades familiares. Porém, depois que as crianças saíram de casa, a dinâmica subjacente se revelou — o vínculo era frágil.

Dan se descreveu como "sexualmente morto" em relação a Nancy. "Perdi todo o interesse por sexo", disse. Quando explorou seu relacionamento materno, logo entendeu o porquê. Fornecer à mãe o cuidado e o conforto necessários não era responsabilidade de uma criança. Era exigir demais de um menino. Ele nunca poderia oferecer o que ela precisava. Jamais conseguiria eliminar sua dor. Em vez disso, o amor da mãe parecia sufocá-lo. As necessidades dela o sobrecarregavam.

Ao reclamar que Nancy exigia mais do que ele podia dar, Dan não se referia à esposa, mas, inconscientemente, às necessidades não satisfeitas da mãe. Ele confundira a proximidade conjugal com a proximidade enredada que vivenciou na infância. Mesmo as necessidades e os desejos naturais de Nancy eram encarados com resistência. Ao proteger-se do que parecia ser um constante ataque de exigências, Dan se fechou para a esposa, automaticamente negando os pedidos dela, mesmo quando a intenção era dizer sim.

Os problemas de Dan e Nancy se articularam de modo sincronístico. Era como se os dois tivessem sido reunidos para se curar por meio do casamento. Muitas vezes, de maneira inconsciente, as pessoas escolhem um parceiro que cutucará suas feridas. Dessa forma, há a oportunidade de perceber, admitir e curar as partes dolorosas e reativas de si mesmo. Assim como o espelho perfeito, o parceiro escolhido reflete o que permanece incógnito e inacabado no cerne do outro. Quem melhor do que Dan poderia fornecer o amor emocionalmente distante de que Nancy precisava para resolver as pendências maternas? E quem melhor do que Nancy poderia suprir Dan com a mesma carência insaciável de sua infância a fim de que curasse a ferida com a mãe?

O Pior Medo (A Sentença Central)

Dan especificou seu pior medo: perder a esposa. "Meu maior pesadelo é perder a pessoa que mais amo. Temo que Nancy morra ou me deixe e eu tenha que viver sem ela." Na geração anterior, o eco dessa sentença central foi dolorosamente sentido quando, aos 10 anos de idade, a mãe dele perdeu a própria mãe. Ela reviveu a experiência de "perder a pessoa que mais amava" quando seu bebê recém-nascido morreu. Essas perdas se refletiram no maior medo de Dan. Embora ele carregasse esse receio, na verdade, era a mãe quem fora obrigada a viver sem as pessoas que mais amava. Dan logo reconheceu que a origem de sua sentença central era ela.

A Linguagem Central dos Relacionamentos 189

O padrão se manteve na geração seguinte. Aos 10 anos, a mesma idade da mãe quando a avó dele faleceu, Dan "perdeu a pessoa que mais amava" por seis semanas, pois ela foi internada devido ao que os médicos chamavam de "colapso nervoso". Mesmo antes, ele conseguia se lembrar dos lapsos de atenção dela quando estava depressiva. Nesses momentos, Dan se sentia abandonado e sozinho.

A sentença central de Nancy também levou a uma época anterior. "Ficar presa em um casamento terrível e me sentir sozinha." É evidente que essa sentença pertencia à avó, que era casada com o avô alcoolista, responsabilizado por quase tudo que dava errado na família. Se pudéssemos retornar mais uma geração, talvez descobríssemos que a avó tinha uma relação difícil com a *própria* mãe, ou que a bisavó refletia um padrão semelhante de se sentir presa em um casamento terrível com o *próprio* marido. Infelizmente, todas as informações anteriores à avó se perderam. É provável que, em cada geração, encontrássemos uma garotinha desconectada da mãe ou criada por pais desconectados um do outro. Ao adquirir essa compreensão, Nancy tinha duas alternativas: continuar a repetir o padrão com Dan ou aproveitar a oportunidade para curá-lo. Ela estava pronta para a segunda opção.

A História Familiar (O Trauma Central)

Em um nível sistêmico, Dan repetiu a experiência paterna, compartilhando os sentimentos de castração do pai em seu casamento. Nancy reproduziu a experiência da mãe e da avó ao se sentir "insatisfeita" com o marido. Observemos seus sistemas familiares.

190   Não Começou com Você

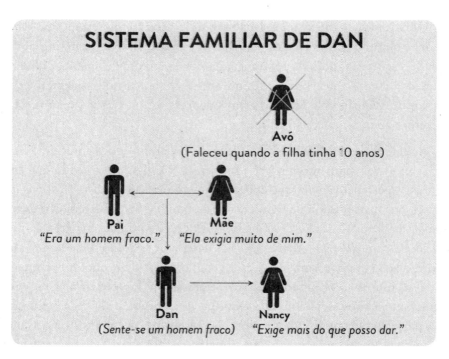

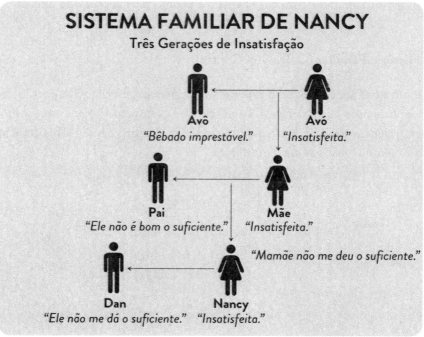

O Panorama Geral

Como as histórias familiares de Dan e Nancy exemplificam, os conflitos de relacionamento costumam começar muito antes de nosso parceiro entrar em cena.

Nancy foi capaz de perceber que Dan não era a fonte de sua "insatisfação". Era um sentimento antigo que se originou da sua mãe. De maneira semelhante, Dan constatou que Nancy não era a fonte da "exigência", que também derivou da sua mãe tempos atrás.

Nancy também compreendeu que qualquer homem que se casasse com alguém da família não se sentiria apreciado pelas mulheres. Na situação em que estavam, Dan se tornou o destinatário de três gerações de descontentamento conjugal.

Assim que reconheceram as pendências que cada um carregava em seu relacionamento, o feitiço foi quebrado e a nuvem de culpa começou a se dissipar. Projeções e acusações antes direcionadas um ao outro passaram a ser consideradas no contexto mais amplo de suas histórias familiares. À medida que visualizavam o panorama geral, a ilusão de que o outro era responsável pelo descontentamento alheio começou a desaparecer.

Quase imediatamente, eles assumiram uma nova perspectiva como casal. Dan e Nancy redescobriram os sentimentos ternos que os uniam desde o início. Não apenas começaram a demonstrar mais bondade e generosidade, mas também voltaram a fazer amor.

Ampliando a Nova Imagem

A compaixão de Nancy pela mãe também começou a se intensificar. Quando menina, a mãe fora a cuidadora emocional da própria mãe, que era infeliz no casamento. Não se permitindo ter mais do que ela, acabou repetindo o ciclo da infelicidade conjugal.

Nas memórias mais antigas de Nancy, a mãe parecia distante e apática, o que a fez se sentir rejeitada. No entanto, ao assimilar o conjunto de sua história familiar, começou a enxergá-la com novos olhos, sentindo que, mesmo com a distância, ela lhe dava tudo o que podia. Ao adquirir essa compreensão, Nancy foi capaz de se enternecer, transcendendo a antiga imagem interior de que havia sido privada dos "cuidados maternos". Uma nova imagem de conforto surgiu em seu lugar, preenchendo-a por dentro. Nela, a mãe tinha apenas intenções amorosas.

Embora a mãe já estivesse morta há dezesseis anos, Nancy conseguiu solicitar o tipo de apoio que nunca teria imaginado pedir quando ela estava viva. Pela primeira vez, foi capaz de sentir o amor materno.

Ela fechou os olhos e visualizou a genitora abraçando-a por trás. "Mãe, sempre culpei você por não me dar o suficiente. E tenho culpado Dan pela mesma coisa. Agora entendo que me deu tudo o que podia. Foi o suficiente. Acredite, foi o suficiente." Nancy chorava. "Mãe, por favor, abençoe minha felicidade com Dan. Quero ser feliz no meu casamento, mesmo que você e a vovó não tenham sido. A partir de agora, quando me sentir insatisfeita e sozinha, vou procurar e sentir você me apoiando e desejando o melhor para mim."

Nas semanas seguintes, Nancy colocou uma fotografia da mãe ao lado da cama e a visualizou abraçando-a à noite, enquanto adormecia. Imaginou-se acalentada, recebendo todo o amor de que precisava e acolhendo aquilo que não tivera na infância. Envolvida pelo amor materno, ela poderia recorrer ao marido de uma maneira totalmente nova.

Da mesma forma, Dan visualizou uma conversa com a mãe falecida: "Mãe, quando eu era pequeno, achava que tinha que cuidar de você. Fiquei ressentido com isso. Não percebemos que eu tentava compensar a perda de sua mãe quando você era uma garotinha. Um fardo pesado demais para mim. Não é à toa que eu me considere insuficiente. Nenhum menino poderia compensar uma perda como essa."

Em sua imagem interior, Dan podia sentir a mãe recuando para lhe dar mais espaço. Ele expirou e inspirou profundamente, como se seus pulmões tivessem se expandido. Não acostumado a respirar tanto, sentiu-se tonto no início, mas depois, energizado. Continuou: "Mãe, muitas vezes acho que Nancy exige muito de mim. Por favor, ajude-me a vê-la como ela é, sem que eu tema desaparecer ou ser insuficiente."

Em seu desejo de continuar a cura, Dan contatou o pai, que ainda estava vivo, e afirmou que sentia muito por ser distante. Levou-o para almoçar e disse que queria se aproximar. Durante o almoço, o agradeceu por ser um ótimo pai. Ele ficou mais do que comovido, dizendo ao filho que esperara muito tempo por aquela conversa. Dan sentiu o amor que sempre existiu. Agora, estava pronto para aceitá-lo.

Nancy percebeu uma nova força no marido. Ele parecia, de alguma forma, mais alto. Sua reação foi automática — começou a respeitá-lo.

Ela pediu a ajuda do marido: "Caso sinta que estou sendo acusadora, crítica ou insatisfeita, por favor, me diga. Prometo que tentarei captar esses aspectos em mim mesma. Quero ser uma esposa melhor para você." Dan respirou fundo novamente, preenchendo seu corpo de uma nova maneira e expandindo-se para lugares que fechara na infância.

Ele, por sua vez, pediu que Nancy o ajudasse a permanecer presente: "Quando eu estiver emocionalmente distante, por favor, me avise. Prometo observar isso em mim e não me afastar de você." Ela respirou de forma semelhante. Ao mesmo tempo, buscaram a mão um do outro e as entrelaçaram.

O caso de Dan e Nancy ilustra como, ao fazer perguntas específicas e ouvir a linguagem central, é possível acessar a origem de nossos conflitos de relacionamento mais profundos. Assim como eles presenciaram suas feridas serem espelhadas e ampliadas pelo outro, também podemos procurar em nosso parceiro as pendências familiares que carregamos. O mapa já está dentro de nós. Talvez seus caminhos sejam obscuros, mas, com frequência, podemos recorrer à luz daqueles que amamos para encontrá-los.

Para Além do Casal

Quando exploramos a linguagem central de nossas queixas conjugais, muitas vezes encontramos um enredo familiar que já é conhecido. Em vez de interpretar as reclamações ao pé da letra, precisamos questionar: nossos pais ou avós tiveram uma experiência semelhante? O sentimento por nosso parceiro é parecido com o que temos por nossos pais?

Meu Relacionamento Reflete um Padrão Familiar?

Se você tem dificuldades com seu parceiro, não conclua automaticamente que ele é a fonte. Em vez disso, escute as palavras de suas reclamações sem culpá-lo ou se deixar levar pelas emoções. Questione-se:

- Estou familiarizado com essas palavras?
- Tenho a mesma reclamação sobre minha mãe ou meu pai?
- Minha mãe ou meu pai reclamava da mesma forma?
- Minha avó ou meu avô tinha dificuldades semelhantes?
- Há um paralelo entre duas ou três gerações?
- A experiência com meu parceiro reflete o sentimento em relação aos meus pais na infância?

A História de Tyler

Tyler, um atlético farmacêutico de 28 anos, amava profundamente sua esposa, Jocelyn. Estavam casados há três anos, mas haviam feito amor apenas duas vezes desde o casamento. Antes, o sexo era frequente. Porém, desde o dia em que trocaram os votos, Tyler se sentia ansioso e inseguro. Estava certo de que a esposa o deixaria por outro homem. "Em seis meses, você vai me trair", declarou. Jocelyn assegurava persistentemente a sua lealdade, mas o marido ignorava. A insistência de que ela seria infiel corroía o relacionamento. "Tenho certeza", ele me disse em nossa primeira sessão. "Vou ser traído e ficar arrasado."

Desde o casamento, Tyler sofria de disfunção erétil. Os exames médicos confirmaram que ele era saudável e não tinha problemas físicos. Tyler sabia que a resposta estava além do seu alcance. Simplesmente não sabia onde procurar. Entretanto, sua sentença central funcionou como um mapa, direcionando-o para onde precisava ir.

Sentença Central de Tyler: "Vou ser traído e ficar arrasado."

Sem saber, ele não era o autor da sentença. Esse doloroso mantra ecoou quarenta anos antes em sua história familiar, embora Tyler desconhecesse o evento específico.

Um ano após se casar com a primeira esposa, o pai de Tyler a encontrou na cama com outro homem. O choque foi insuportável. Ele saiu da cidade, largou o emprego, deixou os amigos e nunca mencionou o acontecimento. O filho só ficou sabendo quando seus sintomas apareceram e, por insistência minha, questionou se o pai tivera um relacionamento antes de se casar com sua mãe. Na sessão seguinte, Tyler relatou que, ao fazer a pergunta, o pai parou de respirar por uns instantes e seus lábios se contraíram. Parecia-me que literalmente tentava impedir que seu passado fosse revelado, mas acabou contando ao filho sobre a primeira esposa.

Para Tyler, era evidente que, apesar do tempo, da distância e do novo casamento, o coração partido do pai nunca se curara por completo. A pendência em seu coração agora afetava o casamento do filho. Embora o pai nunca tivesse falado sobre a sua dor, os sentimentos fervilhavam no corpo de Tyler, que, sem saber, herdou o trauma paterno.

A compreensão fez com que seu corpo acordasse de um sono profundo. Agora Tyler entendia por que estagnava ao tentar fazer amor com Jocelyn. Finalmente adquirira as informações por trás da paralisação de seu corpo. A impotência sexual permitia que se distanciasse do amor desejado. Superficialmente, parecia contraintuitivo, mas, em um nível mais profundo, ele compreendeu que tinha medo de ser magoado pela esposa.

Ao ser incapaz de ter relações sexuais com ela, de forma inconsciente, Tyler se protegia da vulnerabilidade a qualquer traição da esposa. Ele não suportava a ideia de "não ser bom o suficiente" para Jocelyn da mesma forma que o pai "não foi bom o suficiente" para a primeira esposa. A disfunção erétil o manteve a salvo da rejeição semelhante que poderia sofrer. A ideia de ser rejeitado por Jocelyn era um lugar que Tyler se recusava a visitar. Na insegurança, ele praticamente provocou a sua própria rejeição.

Fazer a conexão era tudo o que Tyler precisava. Ele percebeu que Jocelyn realmente o amava e ficara ao seu lado durante suas dificuldades sexuais. Embora tivesse herdado os sentimentos paternos, Tyler compreendeu que não precisava mais revivê-los. O pesadelo do pai não precisava atingi-lo.

Amor Cego

O antigo poeta Virgílio declarou: "O amor vence tudo." Se o amor for grande o suficiente, o relacionamento será bem-sucedido, independentemente da dificuldade. Até os Beatles afirmaram: "Love is all you need" [Amor é tudo o que você precisa, em tradução livre]. No entanto, com a infinidade de lealdades inconscientes que agem de forma oculta em nossa vida, pode ser mais adequado dizer que o amor — aquele manifestado inconscientemente nas famílias — pode "vencer" a capacidade de manter um relacionamento afetuoso com nosso parceiro.

Enquanto permanecermos presos na teia de padrões familiares, enfrentaremos dificuldades nos relacionamentos. Porém, quando aprendemos a desemaranhar os fios invisíveis da história familiar, desvendamos sua influência sobre nós. Decifrar a linguagem central possibilita essa descoberta. Ao descortinar o imperceptível, nos tornamos mais livres para dar e receber amor. O poeta Rilke entendeu a dificuldade de manter um relacionamento ao escrever: "Ter amor, de uma pessoa por outra, talvez seja a coisa mais difícil que nos foi dada, a mais extrema, a derradeira prova e provação, o trabalho para o qual qualquer outro trabalho é apenas uma preparação."[1]

A seguir, há 21 dinâmicas familiares que prejudicam a intimidade conjugal. Algumas delas podem até mesmo nos impedir de iniciar um relacionamento.

**21 Dinâmicas Familiares Ocultas que
Podem Afetar os Relacionamentos**

1. **Você teve um relacionamento difícil com a sua mãe.** A pendência com sua mãe provavelmente se repetirá com seu parceiro.

2. **Você rejeita, julga ou culpa um progenitor.** As emoções, as características e os comportamentos que você rejeita em um progenitor provavelmente continuarão a habitá-lo de forma inconsciente. Você pode projetar as reclamações sobre o progenitor em seu parceiro ou atrair um parceiro que incorpore características semelhantes às do progenitor rejeitado. Talvez compense a rejeição nas dificuldades conjugais, deixe seu parceiro ou seja abandonado por ele. Seus relacionamentos podem parecer vazios ou você pode optar por ficar sozinho. Um vínculo estreito com o progenitor do mesmo sexo parece fortalecer a capacidade de nos comprometermos com um parceiro.

3. **Você se fundiu com os sentimentos de um progenitor.** Se um progenitor tiver sentimentos negativos em relação ao outro, é possível que você os mantenha em relação ao seu parceiro. Sentimentos de descontentamento conjugal podem ser transmitidos entre gerações.

4. **Você sofreu uma ruptura no vínculo inicial com a sua mãe.** Com esta dinâmica, é provável que você experimente certo grau de ansiedade ao tentar se relacionar. A ansiedade costuma aumentar à medida que o relacionamento se aprofunda. Sem saber que ela provém de uma ruptura no vínculo inicial, você pode começar a encontrar defeitos em seu parceiro ou criar outros conflitos que possibilitem o distancia-

mento. Também pode sentir-se carente, pegajoso, ciumento ou inseguro. Ou, de modo inverso, parecer independente e não exigir muito. Talvez você evite relacionamentos por completo.

5. **Você se responsabilizou pelos sentimentos de um progenitor.** Idealmente, os progenitores fornecem e os filhos recebem. Porém, para muitas crianças com pais tristes, depressivos, ansiosos ou inseguros, o foco pode ser proporcionar conforto em vez de recebê-lo. Em tal dinâmica, a experiência de ter as necessidades satisfeitas pode se tornar secundária, e a experiência de acessar os instintos pode ser ofuscada pelo impulso habitual de cuidar em vez de ser cuidada. Mais tarde na vida, essa criança pode oferecer muito ao seu parceiro, prejudicando o relacionamento. Ou o contrário. Ao se sentir sobrecarregada pelas necessidades alheias, ela pode ficar ressentida ou se fechar emocionalmente conforme o relacionamento evolui.

6. **Seus progenitores eram infelizes juntos.** Se seus pais enfrentaram dificuldades e não se deram bem juntos, talvez você não se permita ter mais do que eles. Uma lealdade inconsciente pode impedi-lo de ser mais feliz do que seus pais, mesmo que você saiba que eles lhe desejam a felicidade. Em uma família na qual a alegria é limitada, os filhos podem se sentir culpados ou incomodados quando estão felizes.

7. **Seus progenitores se separaram.** Caso seus pais não permaneçam juntos, é possível que, inconscientemente, você também abandone seu relacionamento. Isso pode acontecer quando você atinge a idade deles na época da separação, quando mantém um relacionamento pelo mesmo tempo ou quando seu filho atinge a idade que você tinha quando seus pais se separaram. Ou continuará no relacionamento, mas viverá emocionalmente afastado.

A Linguagem Central dos Relacionamentos   199

8. **Seu pai ou avô rejeitou uma ex-parceira.** Se seu pai ou avô deixou uma ex-esposa ou terminou com uma ex-parceira que achava que a relação levaria ao casamento, você, como filha ou neta, pode expiar essa rejeição ao ficar sozinha. Você pode sentir que não é "boa o suficiente", assim como a mulher que não foi boa o suficiente para seu pai ou avô.

9. **O grande amor da sua mãe partiu o coração dela.** Você, como filho, pode inconscientemente absorver as dores maternas. Talvez perca seu primeiro amor, carregue os sentimentos melancólicos de sua mãe ou se sinta imperfeito ou insuficiente (assim como ela se sentia). Você pode achar que nunca está com a parceira desejada. Como filho, é possível que tente substituir energicamente o primeiro amor e se torne uma espécie de parceiro da sua mãe.

10. **O grande amor do seu pai partiu o coração dele.** Você, como filha, pode inconscientemente absorver as dores paternas. Talvez perca seu primeiro amor, carregue os sentimentos melancólicos de seu pai ou se sinta imperfeita ou insuficiente (assim como ele se sentia). Você pode achar que nunca está com o parceiro desejado. Como filha, é possível que tente substituir energicamente o primeiro amor e se torne uma espécie de parceira do seu pai.

11. **Um dos seus progenitores ou avós ficaram sozinhos.** Se um dos seus pais ou avós não se relacionou com mais ninguém após ser abandonado ou ficar viúvo, você também pode acabar sozinho. Se está em uma relação, pode criar conflito ou distanciamento, de modo que também se sinta sozinho. Em uma lealdade tácita, você inconscientemente encontra uma forma de compartilhar a solidão.

12. **Um dos seus progenitores ou avós sofreu em um casamento.** Por exemplo, se sua avó estava presa em um casamento sem amor ou se seu avô morreu, bebeu, apostou dinheiro ou foi embora, deixando sua avó sozinha para criar os filhos,

você, como neta, talvez associe inconscientemente essas experiências ao casamento. Você pode revivê-las ou se opor ao compromisso por medo de que a sua situação seja a mesma.

13. **Um progenitor foi menosprezado ou desrespeitado pelo outro.** Você, como filho, pode recriar a experiência parental sendo desrespeitado por seu parceiro.

14. **Um progenitor morreu precocemente.** Se, durante sua infância, um dos pais morreu, você pode se distanciar física ou emocionalmente de seu parceiro quando atinge a idade do progenitor na época do falecimento, quando mantém um relacionamento pelo mesmo tempo ou quando seu filho atinge a sua idade quando seu pai faleceu.

15. **Um progenitor maltratou o outro.** Se seu pai destratou sua mãe, você, como filho, pode maltratar sua parceira da mesma forma, para que ele não seja o único homem "mau". Como filha, você pode ter um parceiro que a maltrate ou de quem você se sente distante, pois talvez seja difícil ter mais felicidade do que sua mãe.

16. **Você magoou um ex-parceiro.** Se magoou um ex-parceiro, você pode, de forma inconsciente, tentar compensar essa mágoa sabotando um novo relacionamento. O novo parceiro, inconscientemente sentindo que pode receber um tratamento semelhante, talvez até mantenha certa distância de você.

17. **Você teve vários parceiros.** Se você teve muitos parceiros, pode ter prejudicado sua capacidade de se relacionar. As separações podem se tornar mais fáceis. Os relacionamentos podem perder a profundidade.

18. **Você sofreu um aborto ou entregou uma criança para adoção.** Na culpa, no remorso ou no arrependimento, você pode dificultar sua felicidade em uma relação.

A Linguagem Central dos Relacionamentos

19. **Você era o confidente da sua mãe.** Quando menino, você tentou satisfazer as necessidades não atendidas da sua mãe e fornecer o que ela sentia que não poderia obter de seu pai. Mais tarde, pode ter dificuldade em se comprometer. Talvez se feche emocional ou fisicamente, temendo que sua parceira, assim como sua mãe, exija ou precise muito de você. Um menino que era o confidente da mãe costuma ter relacionamentos efêmeros. Ele pode até se tornar um mulherengo, deixando um rastro de corações partidos. A solução é um vínculo mais estreito com o pai.

20. **Você era a favorita do seu pai.** A menina que é mais próxima do pai do que da mãe costuma se sentir insatisfeita com os parceiros escolhidos. A raiz do problema não é o parceiro, mas a distância que ela sente da mãe. A relação de uma mulher com sua mãe pode ser um indicador de quão satisfatório será o relacionamento com seu parceiro.

21. **Alguém da família não se casou.** Você pode se identificar com um pai, um avô, uma tia, um tio ou um irmão mais velho que nunca se casou. Talvez essa pessoa tenha sido desprezada, ridicularizada ou inferiorizada por outros membros da família. Ao se alinhar inconscientemente com esse parente, você também pode não se casar.

Capítulo 13

A Linguagem Central do Sucesso

É preciso ter ainda caos dentro de si, para poder dar à luz uma estrela dançante.

— **Friedrich Nietzsche**, *Assim Falou Zaratustra*

Muitos livros de autoajuda prometem sucesso financeiro e realização se seguirmos o plano prescrito pelo autor. Estratégias como desenvolver hábitos eficazes, expandir a rede social, visualizar o sucesso futuro e repetir mantras para atrair dinheiro são promovidas como formas de prosperar. Mas e quanto às pessoas que parecem nunca alcançar seus objetivos, não importa o que façam ou qual plano sigam?

Quando as tentativas de sucesso encontram obstáculos e becos sem saída, explorar a história familiar é uma opção pertinente. Traumas não resolvidos em nossa família podem prejudicar a forma como o sucesso nos alcança e como somos capazes de recebê-lo. Dinâmicas que incluem a identificação inconsciente com um parente que fracassou, foi enganado ou enganou alguém, uma herança não merecida e o trauma de uma separação materna precoce podem afetar nossa capacidade de nos sentirmos seguros e financeiramente incentivados. No final deste capítulo, há uma lista de perguntas que ajudam a identificar a existência de um trauma central familiar que atrapalha seu progresso. Você também aprenderá a extrair a linguagem central de seus próprios medos de sucesso e fracasso a fim de entrar nos eixos.

Primeiro, veremos como outras pessoas usaram a abordagem da linguagem central para se libertar e ter mais sucesso.

Expiando Injustiças na História Familiar

Ben estava a uma semana de fechar as portas do seu escritório de advocacia. Após várias tentativas de torná-lo rentável, ele estava prestes a desistir de vez. "Não consigo ir além do mínimo para sobreviver", disse-me. "Mal ganho o suficiente."

Linguagem Central de Ben: "Apenas sobrevivo. Mal ganho o suficiente."

Ben descreveu um padrão que vivenciara durante toda a sua vida adulta: ter muitos processos em andamento, vários clientes importantes e, de repente, tudo dar errado. "É como se eu nunca conseguisse manter meus ganhos. Apenas sobrevivo." Ao analisar atentamente sua linguagem central, identificamos o clamor de outra pessoa, alguém necessitado, que "apenas sobrevivia" e "mal ganhava o suficiente". A questão é: quem?

Na família de Ben, a trilha da linguagem central levava direto à origem do problema. Ele se lembrou de suas viagens de infância à Flórida. Dos anos 1930 ao início dos anos 1970, o avô possuiu e administrou uma plantação de frutas cítricas bem-sucedida na Flórida Central. A família enriqueceu à custa do suor e do esforço de imigrantes que recebiam um valor ínfimo. Apenas sobrevivendo com salários escassos e incapazes de pagar suas dívidas, eles viviam na miséria. Enquanto a família do avô prosperava e morava em uma mansão luxuosa, os trabalhadores rurais viviam amontoados em barracos precários. Ben se lembrava de brincar com os filhos deles. Recordou o sentimento de culpa por ter mais e eles, menos. Anos depois, o pai herdou a propriedade do avô, mas acabou perdendo-a devido a uma série de maus investimentos e negócios que deram errado. Ben herdou apenas a adversidade, atrasando contas e empréstimos que não conseguia quitar desde que se tornara advogado.

Tudo começou a fazer sentido quando ele associou sua situação atual à história familiar, percebendo como a família prosperara enquanto os trabalhadores imigrantes mal sobreviviam. Os prejuízos que sofriam estavam diretamente relacionados aos ganhos dos parentes de Ben. Inconscientemente alinhado com os trabalhadores, ele reencenava a miséria deles. Era como se,

A Linguagem Central do Sucesso   205

ao viver com o mínimo, pudesse de alguma forma compensar a dívida do avô, que nem mesmo era sua.

Era o momento de interromper o padrão. Durante nossa sessão, Ben fechou os olhos, imaginando que as crianças com quem costumava brincar e os familiares delas estavam na sua frente. Em sua imagem interior, pareciam abatidos e necessitados. Ele visualizou o avô, que faleceu quando o neto tinha 12 anos, ao lado deles, desculpando-se por não lhes pagar o que mereciam. Imaginou-se dizendo ao avô que não poderia mais expiar a injustiça cometida e que devolveria essa responsabilidade a ele.

Ben visualizou o avô assumindo a responsabilidade e se redimindo. Imaginou-lhe dizendo: "Não é sua responsabilidade, Ben. Essa dívida é minha, não sua." Visualizou as crianças com quem costumava brincar sorrindo. Sentia que elas não nutriam nenhuma mágoa em relação a ele.

Posteriormente, Ben tentou contatar uma das famílias de imigrantes, mas não conseguiu encontrar nenhum vestígio de seu paradeiro. Então, como um gesto de boa-fé da sua família para a deles, decidiu fazer uma doação para uma instituição de caridade que auxiliava as necessidades médicas de imigrantes. Ele manteve seu escritório de advocacia aberto, prestando assistência gratuita para um trabalhador que fora maltratado por uma grande empresa. Em poucas semanas, vários casos novos e rentáveis apareceram. Em seis meses, seu escritório estava prosperando.

Ao perscrutar a história familiar em busca da origem de um problema financeiro, é preciso questionar: inconscientemente, tentamos compensar as ações de alguém que nos precede? Sem querer, muitos de nós perpetuamos o sofrimento e os infortúnios do passado. Era o caso de Ben, e também o de Loretta.

O seu maior desejo era ter o próprio negócio. Segundo ela, durante trinta anos, seu "suor e trabalho árduo" enriqueceram os empresários para os quais trabalhava. Porém, sempre que surgia a oportunidade de começar seu próprio empreendimento ou desenvolver uma de suas ideias de negócios, Loretta relutava. "Alguma coisa me impede de prosseguir. Parece que há algo oculto que me impossibilita de dar o próximo passo", disse. "É como se eu não merecesse o que obtenho."

Linguagem Central de Loretta: "Não mereço o que obtenho."

Ao permitir que sua linguagem central nos leve ao passado, três perguntas transicionais surgem:

- Quem "não mereceu o que obteve"?
- Quem se sentia "impossibilitado"?
- Quem não conseguia "prosseguir"?

Novamente, a resposta estava próxima. Em seu testamento, a avó deixara a rentável fazenda da família para o pai de Loretta, excluindo o marido e os outros quatro filhos e filhas. O pai continuou a prosperar e os irmãos começaram a ter dificuldades. Depois desse acontecimento, todos se distanciaram.

O pai adquirira uma vantagem injusta sobre os irmãos. Na idade adulta, Loretta, que era filha única, enfrentou dificuldades financeiras, assim como seus tios e suas tias, passando de uma situação familiar "proveitosa" para uma "desfavorável". Como se estivesse compensando as vantagens injustas que o pai recebeu da avó, a neta inconscientemente evitou o sucesso. Ao perceber que, sem querer, tentava anular uma injustiça com outra, ela conseguiu assumir os riscos necessários para se tornar uma empresária.

A linguagem central de Loretta a levou de volta à fazenda da família, à vantagem injusta em sua história familiar. Ben trilhou um caminho semelhante. Entretanto, nem todos que desejam progredir conseguem identificar um evento familiar tão evidente. Para John-Paul, o acontecimento que o atrapalhava era menos perceptível.

Afastado da Mãe, Desconectado dos Outros

John-Paul também queria prosperar profissionalmente, embora suas ações, como constataremos, demonstrassem o contrário. No entanto, ao percorrer seu mapa da linguagem central, ele descobriu um caminho repleto de pistas e insights.

A Linguagem Central do Sucesso   207

Por mais de vinte anos, John-Paul permaneceu no mesmo emprego sem futuro, observando outras pessoas menos qualificadas serem promovidas. Ele era reservado e preferia se esquivar das conversas e das interações sociais do escritório, passando despercebido pela alta gerência. Como nunca era escolhido para tarefas importantes, não corria o risco de fracassar. A ideia de solicitar um papel de liderança, acompanhado pelo estresse de ser monitorado e julgado por outros, era avassaladora. Algo perigoso demais.

"Eu poderia ser rejeitado", disse, "ou cometer um erro e perder tudo".

Linguagem Central de John-Paul: "Eu poderia ser rejeitado ou cometer um erro e perder tudo."

No caso dele, não tivemos que regressar à geração anterior, mas apenas explorar um único evento em sua infância — a ruptura no vínculo com sua mãe. Muitos de nós sofremos uma interrupção no processo de vínculo materno e, assim como John-Paul, não percebemos o quanto isso nos afeta como adultos. Desde a infância, ele deixara de confiar no amor e no apoio da mãe. Como consequência, passou grande parte de sua vida sendo cauteloso em seus relacionamentos interpessoais. Sem sentir o apoio da mãe, ficava inseguro e hesitante sempre que avançava em direção àquilo que mais desejava. "Se eu disser ou fizer a coisa errada", temia, "serei rejeitado ou excluído".

John-Paul não sabia como relacionar o medo da rejeição ao fato de ter sido afastado da mãe. Aos 3 anos, foi passar o verão com os avós, enquanto seus pais saíam de férias. Eles viviam em uma fazenda e, embora suprissem suas necessidades físicas, muitas vezes o deixavam em um cercadinho do lado de fora enquanto cumpriam os afazeres. No meio do verão, o avô adoeceu, o que exigiu ainda mais a atenção e a energia da avó, sobrecarregando-a. O neto logo percebeu que poderia evitar a irritação dela se ficasse quieto, sem atrapalhar.

Quando os pais retornaram, John-Paul não tinha como comunicar o quão assustadora fora sua experiência. Ele queria correr em direção a eles, mas algo o impediu. Os pais notaram que o filho não gostava mais de ser abraçado e concluíram que se tornara mais independente durante sua ausência. Porém, internamente, uma experiência contraditória se desenvolvia.

Sua autonomia apenas disfarçava a relutância em confiar no apoio materno. John-Paul não percebeu que, na tentativa de se proteger de decepções futuras, anulara sua vitalidade, ofuscando sua própria luz.

Por trás da fachada de independência, havia a correlação entre se aproximar e se machucar. Essa marca tornou-se um blueprint para a vida adulta. Ao temer a rejeição e a perda, John-Paul tomou medidas extremas para evitar as mesmas conexões que secretamente ansiava. Correr riscos não era uma opção, pois uma falha poderia significar "perder tudo" de novo.

Se o vínculo inicial com a mãe é interrompido, o medo e a desconfiança podem se infiltrar nas experiências de vida.

Era o caso de outra paciente, Elizabeth. Assim como John-Paul, ela fora afastada da mãe. Aos 7 meses de idade, passou duas semanas no hospital, privada dos cuidados maternos. Duas internações de uma semana, uma aos 3 anos e a outra aos 7 anos, reiteraram a separação.

Elizabeth, especialista em entrada de dados em um escritório, descreveu seu trabalho como "um verdadeiro inferno". Ela poderia passar um dia inteiro sem falar uma palavra. A distância com seus colegas se tornara tão extrema que Elizabeth começou a se eximir completamente das conversas, respondendo apenas "sim" e "não" às perguntas dirigidas a ela. "Se eu disser algo errado, vou ser rejeitada, então me contenho", afirmou.

Ela relatou que, à noite, reproduzia pensamentos obsessivos e medos em sua mente. "Após uma conversa, repasso tudo mentalmente. 'Disse a coisa errada? Ofendi alguém? Deveria ter dito algo diferente?' Ou mando várias mensagens para minha amiga: 'Por que você não responde? Está com raiva de mim?'" Ver seus colegas de trabalho conversando exacerbava seus medos, pois receava que estivessem falando dela.

Basicamente, ela temia ser dispensável, rejeitada, demitida, ignorada ou excluída, o que a faria se sentir solitária e desamparada, assim como a garotinha no hospital. Da mesma forma que John-Paul, Elizabeth não sabia como relacionar esses sentimentos à separação materna durante suas internações.

Linguagem Central de Elizabeth: "Vou ser rejeitada e excluída. Não vou me enturmar. Ficarei sozinha."

Assim como John-Paul, Elizabeth carregava o medo de ser abandonada ou excluída. De forma semelhante, ela identificou a solução ao relacionar sua forma cautelosa de encarar a vida à ruptura precoce com a origem da vida — a mãe. Essa conexão foi o suficiente para anular as constatações feitas na infância e que limitavam inconscientemente a sua vida.

Tanto John-Paul quanto Elizabeth começaram a curar a imagem interior da mãe como alguém distante e displicente. Ao reconhecer o paralelo entre sua vida limitada e as imagens limitantes que mantinham, dispuseram-se a procurar as características vivificantes da mãe. John-Paul recorreu à lembrança de como ela ficava animada quando ele desenhava; Elizabeth, à percepção de que a mãe não se fechara. Foi ela quem se fechou durante as internações, frustrando as inúmeras tentativas maternas de amá-la. A mãe, leal e solidária, havia lhe proporcionado mais do que ela imaginava.

Assim que compreendeu o impacto da separação, Elizabeth se sentiu esperançosa. Pela primeira vez, enxergava um caminho que finalmente a levaria a algum lugar. Sua linguagem central apenas refletia as palavras de uma criança que ficou sozinha e se sentiu abandonada pela mãe. Pela primeira vez, ela via uma luz no fim do túnel e, ao seguir a trilha da linguagem central, era para lá que estava indo.

Dinâmicas Familiares que Podem Afetar o Sucesso

Além da vitalidade financeira ser prejudicada por rupturas no vínculo materno (como aconteceu com Elizabeth e John-Paul) ou por negócios e heranças injustas (como o caso de Ben e Loretta), a relação com o sucesso pode ser afetada por várias outras dinâmicas. Nas próximas páginas, analisaremos as influências familiares limitantes que atuam como uma força silenciosa, comprometendo as gerações posteriores. Qualquer uma delas é capaz de atrapalhar o progresso almejado.

Rejeitar um Progenitor Pode Impedir o Sucesso

Independentemente da história que contamos sobre nossos pais, do quão bons ou maus eles foram, do quão magoados nos sentimos pelo que fizeram ou deixaram de fazer, ao rejeitá-los, podemos limitar nossas oportunidades.

Nosso relacionamento parental é, em muitos aspectos, uma metáfora para a vida. Ao sentir que recebemos muito deles, costumamos sentir que recebemos muito da vida. Ao acreditar que eles não nos deram o suficiente, acreditamos que a vida não nos dá o suficiente. Se somos injustiçados por nossos progenitores, nos sentimos injustiçados pela vida.

Se rejeitamos nossa mãe, podemos, de forma inconsciente, nos distanciar dos confortos da vida. Segurança, proteção, atenção, zelo — elementos associados aos cuidados maternos — podem parecer ausentes em nossas vidas. Não importa o quanto tenhamos, nunca é o suficiente.

Os efeitos da rejeição paterna podem ser igualmente limitantes. Por exemplo, um homem que rejeita o pai talvez se sinta desconfortável ou constrangido na companhia de outros homens. Ele pode até mesmo se sentir hesitante ou relutante em aceitar as responsabilidades associadas à paternidade — independentemente de seu pai ter sido ou não o provedor ou o fracasso da família.

As pendências com qualquer um dos progenitores podem atrapalhar nossa vida profissional, bem como nossa vida social. É provável que, ao reproduzir inconscientemente a dinâmica familiar não resolvida, criemos conflitos em vez de conexões autênticas. Direcionar projeções antigas a nossos chefes ou colegas de trabalho pode dificultar o progresso.

Podemos Repetir a Experiência de Vida do Progenitor Rejeitado

Se rejeitamos um progenitor, uma estranha simetria pode ocorrer; sem querer, podemos assumir sua experiência. Aquilo que julgamos inaceitável ou intolerável talvez reapareça em nossa vida, como uma herança indesejada.

Costumamos supor que quanto maior a distância de nossos pais, menor a probabilidade de ter vidas semelhantes e de reproduzir seus problemas.

No entanto, o oposto parece ser mais verdadeiro. Quando nos distanciamos, tendemos a nos tornar mais parecidos e muitas vezes ter uma vida similar à deles.

Por exemplo, se rejeitamos nosso pai por ser alcoolista ou fracassado, podemos beber ou fracassar como ele. Ao seguir seus passos de forma inconsciente, estabelecemos um vínculo oculto, compartilhando o que julgamos negativo.

O Vínculo Oculto de Kevin com o Pai

Aos 36 anos, Kevin tinha orgulho de seu cargo de alta gerência em uma das dez principais empresas de internet. No entanto, temia que seus problemas com o álcool destruíssem sua vida. "Tenho medo de ter um colapso, fracassar e perder tudo o que construí."

Linguagem Central de Kevin: "Terei um colapso, fracassarei e perderei tudo o que construí."

Foi exatamente o que aconteceu com o pai de Kevin. Um advogado bem-sucedido de Boston, ele se tornou alcoolista, foi demitido e teve problemas de saúde. A família acabou perdendo a casa. Nesse ponto, quando Kevin tinha 10 anos, a mãe o alienou do pai. O filho sempre a ouvia dizer: "Seu pai não presta. Ele destruiu nossas vidas." Depois disso, raramente via o pai, que acabou morrendo de insuficiência hepática quando Kevin tinha 25 anos. No mesmo ano, ele começou a beber.

Kevin recordou um incidente que aconteceu quando o pai tinha 12 anos. Ele e o irmão de 9 anos subiram em um celeiro abandonado, mas o caçula caiu do telhado e morreu. O pai de Kevin foi culpado pelo ocorrido. O filho agora entendia como foi difícil para o pai, sentindo-se responsável pela morte, manter uma vida plena, já que seu irmão mais novo jamais teria a mesma oportunidade.

Ao ter um insight durante nossa sessão, Kevin relacionou sua autodestruição de maneira semelhante. Percebeu que, se morresse precocemente, apenas agravaria a devastação familiar. Ao compreender o fardo que o pai carregava, Kevin sentiu um amor profundo por ele, preenchendo-se de compaixão, e lamentou tê-lo afastado.

Só de fazer essa conexão, Kevin foi capaz de realizar grandes mudanças. Parou de beber e, pela primeira vez, sentiu-se amparado por uma imagem paterna, entusiasmando-se com a vida que tinha pela frente.

Uma Lealdade Inconsciente ao Fracasso

Não precisamos rejeitar nossos pais para repetir seus infortúnios. Às vezes, compartilhamos um vínculo inconsciente que nos estagna em uma experiência semelhante. Apesar de nos esforçarmos o máximo possível para ter sucesso, podemos nos descobrir incapazes de realizar mais em nossa vida do que nossos pais conquistaram na deles.

Por exemplo, se nosso pai faliu e não conseguiu prover a família, podemos inconscientemente nos juntar a ele ao fracassar da mesma forma. Aprisionados em uma lealdade oculta, sabotamos nosso sucesso, garantindo que não o superemos.

Bart, outro paciente, era o elo mais fraco da equipe de vendas, ganhando apenas o suficiente para sobreviver. Quando perguntei sobre seu pai, explicou-me que ele tinha apenas o ensino fundamental e levara uma vida muito simples. Ao ser questionado sobre o que poderia acontecer se tivesse muito dinheiro, Bart disse que temia perder "a simplicidade da vida", uma virtude exaltada pelo pai. "Ter dinheiro desvalorizaria minha vida, complicando-a. O essencial se perderia."

Linguagem Central de Bart: "Ter dinheiro desvalorizaria minha vida."

Bart parecia imitar os valores paternos. Ao perceber que carregava uma lealdade inconsciente de não se tornar mais bem-sucedido do que o pai, ele começou a reavaliar seus objetivos financeiros. Ficou evidente que limitar seu sucesso era o oposto do que o pai realmente queria para o filho. Bart acelerou o ritmo. Em oito meses, suas vendas dobraram.

Talvez exista uma ligação inconsciente com outros parentes, como uma tia, um tio, um avô ou outro membro da família.

A Linguagem Central do Sucesso   213

Esse era o caso de Paul. Ele marcou uma consulta comigo após ser desconsiderado várias vezes para as promoções no trabalho. Embora nunca tenha sido mencionado, sua aparência desleixada e suas roupas surradas e sujas podem ter contribuído. Paul não tinha a aparência de um líder.

Ele contou que, quando criança, sentia vergonha do avô, o fracassado da cidade. Paul e os amigos zombavam dele, que era visto vasculhando latas de lixo em busca de comida ou dormindo à tarde no cinema da cidade. Agora, na idade adulta, o neto repetia aspectos da vida do avô ao se vestir de forma semelhante e reviver seus medos.

Linguagem Central de Paul: "Não sou bom o suficiente. Eles não me querem."

Ao perscrutar o passado familiar de Paul, constatamos que, aos 4 anos de idade, o avô foi deixado em um orfanato, pois seus pais enfrentavam dificuldades e não conseguiam sustentá-lo. O neto compreendeu que o avô era o detentor legítimo dos sentimentos de rejeição e insuficiência. Paul apenas os mantinha.

Ao reconhecer essa conexão inconsciente, Paul conseguiu se libertar. Agora, em vez de se vestir de forma semelhante, ele se conectava com o avô por meio da compaixão que sentia. Após compreender a identificação, Paul começou a fazer escolhas favoráveis em relação à sua aparência.

O Legado das Pendências

Com frequência, quando um ente querido morre e sua vida é considerada incompleta, alguém da família, em uma cumplicidade velada, pode deixar de completar algo de grande importância. Essa pessoa pode desistir de uma realização pertinente, como se formar ou fechar um negócio que traria sucesso. Essa ligação à morte prematura de um parente também pode suscitar a procrastinação.

Richard queria entender por que repetia certos padrões em sua vida. Um engenheiro aeronáutico genial, foi responsável por alguns dos maiores avanços na aviação, mas não reivindicou o mérito. Outra pessoa tinha até patenteado trabalhos que lhe pertenciam. Embora se sentisse enganado, Richard culpava apenas a si mesmo. "Não corro riscos que acarretarão sucesso", disse. "Nunca sou reconhecido por minhas realizações."

Linguagem Central de Richard: "Nunca sou reconhecido."

Havia uma experiência paralela no sistema familiar. Ninguém na família falava sobre seu irmão natimorto. Em lealdade ao irmão mais velho, que não era considerado ou reconhecido, Richard também vivia sem reconhecimento. Ao compreender essa influência, ele solicitou uma patente para sua nova invenção, considerando-a sua "última chance". Quando deu um grande passo em direção à vida, a vida deu um grande passo em direção a ele. Richard obteve a patente e sua invenção tornou-se essencial à indústria aeronáutica.

Além da possibilidade de uma vida sem reconhecimento devido à ligação com uma morte prematura, podemos nos limitar pela lealdade a um parente que tem uma dificuldade mental, física ou emocional. Ao permanecermos leais a um irmão, a uma tia, a um tio, a um progenitor ou a um avô cuja vida consideramos limitada, podemos inconscientemente restringir nossa vida e nossas realizações de forma semelhante.

A Miséria Passada Pode Diminuir a Prosperidade Atual

Às vezes, compartilhamos uma lealdade inconsciente com ancestrais que viviam na miséria e não conseguiam sustentar a si mesmos e a seus filhos. Talvez a guerra, a fome ou a perseguição os obrigara a deixar sua terra natal e seus pertences para recomeçar em outra parte do mundo. Se nossos antepassados passaram por grandes dificuldades, podemos continuar o sofrimento sem perceber, frustrando nossas tentativas de ter uma vida abundante. Pode ser difícil ter mais do que eles tinham.

Geralmente, um ritual simples em homenagem a esses familiares e ao país ou à cultura que deixaram para trás nos proporciona o alicerce para que possamos desfrutar da "nova" vida que recebemos a partir de seus esforços. O simples reconhecimento do "antigo" que nos habita, daquilo que preservamos de nosso país ou nossa cultura, parece nos conceder uma permissão inerente para começar uma vida nova.

Além disso, quando somos gratos ao novo país por nos abrigar e nos oferecer novas oportunidades de sucesso, nos sentimos ainda mais alicerçados. Ao retribuir as vantagens concedidas à nossa família — pagando impostos, respeitando as leis, fazendo caridade —, colhemos mais facilmente os frutos proporcionados pelo novo lar.

A Culpa Pessoal Pode Suprimir o Sucesso

Às vezes, tiramos vantagem das pessoas ou as magoamos, gerando um sofrimento significativo. Talvez tenhamos adquirido dinheiro por meio de manipulação ou trapaça, como um casamento por riqueza ou apropriação indébita da empresa para a qual trabalhamos. Muitas vezes, quando uma situação assim ocorre, somos incapazes de manter a vantagem financeira. Independentemente de nos sentirmos culpados ou de ponderarmos as consequências de nossas ações, uma vida miserável pode nos acometer e/ou nossos filhos, para compensar o mal que causamos.

De modo geral, as consequências de nossas ações, os efeitos de traumas familiares não resolvidos, o relacionamento com nossos pais e os emaranhamentos com membros prejudicados de nosso sistema familiar são obstáculos que atrapalham nosso sucesso. Ao fazer a ligação com o passado e integrar o que ainda está desequilibrado no presente, damos um passo fundamental. Quando tudo e todos são tratados com respeito e consideração, as pendências podem permanecer no passado, permitindo-nos avançar com mais liberdade e tranquilidade financeira.

21 Perguntas sobre Sucesso

A seguir, há 21 questões pertinentes para avaliar a influência que a história familiar pode ter sobre seu sucesso:

1. Você teve um relacionamento difícil com a sua mãe? (Reveja seus descritores centrais no Capítulo 7.)

2. Você teve um relacionamento difícil com o seu pai? (Reveja seus descritores centrais no Capítulo 7.)

3. Seus progenitores eram bem-sucedidos?

4. Um dos progenitores fracassou no sustento da família?

5. Seus pais se separaram quando você era jovem?

6. Como sua mãe tratava seu pai?

7. Como seu pai tratava sua mãe?

8. Na infância, você sofreu uma separação física ou emocional da sua mãe?

9. Sua mãe, seu pai ou seu avô morreu jovem?

10. Você, seus pais ou seus avós tiveram irmãos que morreram jovens?

11. Você ou alguém da família lucrou significativamente à custa de outra pessoa?

12. Alguém foi excluído de uma herança?

13. Alguém recebeu uma herança ou enriqueceu de forma injusta?

14. Algum familiar faliu, perdeu os bens da família ou fez com que os parentes passassem por dificuldades financeiras?

15. Algum terceiro fez com que sua família passasse por dificuldades financeiras?

16. Alguém foi rejeitado por ser um fracassado, um perdedor, um apostador compulsivo etc.?

17. Alguém perdeu a casa ou os bens e teve dificuldade em se recuperar?

18. Você tem ancestrais que viviam na miséria?

19. Você ou seus pais emigraram?

20. Seus parentes foram expulsos ou forçados a fugir de sua terra natal?

21. Você ou qualquer outra pessoa da sua família magoou, enganou ou se aproveitou de alguém?

Capítulo 14

A Linguagem Central da Cura

Se você olhar profundamente a palma da sua mão, verá seus pais e todas as gerações de seus ancestrais. Todos eles estão vivos neste momento. Cada um está presente em seu corpo. Você é a continuação de cada uma dessas pessoas.

— **Thich Nhat Hanh**, *A Lifetime of Peace*

Neste livro, apresentei uma nova forma de escuta que ilumina os caminhos obscuros do passado. Ao descobrir como decifrar o mapa da linguagem central, podemos identificar o que nos pertence e o que pode ter se originado de um trauma familiar. Com sua origem revelada, antigos padrões podem ser eliminados para que novos caminhos e novas possibilidades de vida se abram.

Espero que, a essa altura, você se sinta mais leve ou mais tranquilo ao reavaliar os medos que anotou ao longo do processo. Talvez você tenha adquirido um sentimento maior de pertencimento ou compaixão pelos parentes que encontrou. Talvez eles estejam ao seu lado de uma nova maneira, fazendo-o se sentir amparado por algo maior do que você mesmo. Talvez sinta o conforto e o apoio deles ao seu redor.

Faça uma pausa para sentir esse apoio, respirando em direção às partes do seu corpo nas quais você o percebe. Esses novos sentimentos habitam seu interior e requerem cuidado e atenção para florescer. A cada respiração consciente, sentimentos de calma e bem-estar podem se espalhar, tornando-se parte de quem você é. Sempre que inspirar, permita que as sensações agradáveis se expandam em seu corpo. Sempre que expirar, permita que qualquer vestígio de medo se dissipe.

Próximos Passos: Transformação Constante

Ao identificar a sentença central e sua origem, você pode continuar a se desenredar do medo herdado. O que antes era um mantra inconsciente, mantendo-o arraigado no sofrimento, agora pode ser um recurso que o liberta. Se perceber que os antigos sentimentos estão voltando, realize as etapas a seguir.

Diga sua sentença central em voz alta ou para si mesmo. Enquanto a pronuncia, permita que, apenas por um momento, as sensações do medo antigo emerjam, para que você possa se familiarizar com elas. Essas sensações podem ser um sinal de que a sua sentença central foi ativada sem o seu conhecimento. Ao identificá-las, você tem o poder de interromper seu transe. A aquisição dessa consciência consiste em três passos simples:

1. Reconhecer internamente os pensamentos, as imagens e as sensações conhecidas.

2. Reconhecer que o antigo medo foi ativado.

3. Agir para desestabilizar os sentimentos em espiral.

A atitude escolhida é importante. Você pode começar dizendo a si mesmo: "Estes sentimentos não são meus. Apenas os herdei da minha família." Às vezes, esse reconhecimento é o suficiente. Você pode visualizar o trauma que o prendia ou o membro da família com o qual se identificava. Ao fazer isso, lembre-se de que esses sentimentos foram enterrados e que os parentes envolvidos agora o confortam e apoiam.

Outra opção é colocar a mão sobre a parte do corpo na qual percebe os antigos sentimentos e respirar profundamente, permitindo que a expiração se prolongue dentro de você. Ao fazer isso, pergunte-se: que novidade noto em meu corpo neste exato momento? Ao direcionar o foco e a respiração para seu corpo e identificar as sensações que o habitam, sem ser influenciado por elas, você pode modificar sua experiência interior.

Você também pode revisitar as práticas, os exercícios e os rituais no Capítulo 10 e pronunciar algumas das sentenças de cura que considerou úteis. Retorne às técnicas que o beneficiaram, lembrando-se de que, ao fazê-lo, você gera novas vias neurais em seu cérebro e novas experiências em seu corpo. Cada vez que pratica a percepção das emoções e das sensações dessas novas experiências, você consolida e aprofunda a cura. Ao seguir esses passos, ameniza a reação do cérebro ao trauma e fortalece as partes cerebrais que podem ajudá-lo a se sentir melhor. Com a repetição e a atenção focada, os novos pensamentos, imagens, emoções e sentimentos permanecerão, proporcionando estabilidade nos altos e baixos da vida.

Cruzando a Linha de Chegada da Linguagem Central

Se você realizou os passos descritos neste livro, provavelmente assumiu uma nova perspectiva do seu pior medo. É estar no pico de uma montanha com vista para um vale. A distância, todo o território pode ser perscrutado com uma lente ampla. Lá embaixo estão os medos antigos, os sentimentos avassaladores, as mágoas e os infortúnios da família. Deste novo ponto de vista, todos os fragmentos da história familiar podem ser observados e acolhidos.

Ao reunir informações essenciais sobre sua família, você deve ter feito ligações significativas. Agora, entende mais sobre si mesmo e os sentimentos inexplicáveis com os quais vivia. Provavelmente você constatou que não começou com você. Talvez tenha descoberto que o seu pior medo já não é mais tão assustador, pois, ao seguir suas palavras, você foi conduzido a um novo lugar. Agora você sabe que a sua linguagem secreta do medo não tinha nada a ver com medo. O grande segredo era que um amor imenso esperava para ser desenterrado há muito tempo. É o amor transmitido por aqueles que vieram antes de você. É o amor que insiste na plenitude da vida, sem a repetição de medos e infortúnios do passado. É o amor profundo. É o amor tranquilo. É o amor atemporal que o conecta a tudo e a todos. É a cura mais poderosa.

Glossário

Descritores Centrais

Adjetivos e frases descritivas que revelam os sentimentos inconscientes que guardamos em relação a nossos pais.

Heredograma

Uma representação gráfica da árvore genealógica.

Linguagem Central

As palavras e as frases idiossincráticas de nossos medos mais profundos que fornecem indícios da origem de um trauma não resolvido. A linguagem central também pode se manifestar em sensações físicas, comportamentos, emoções, impulsos e sintomas de uma doença ou condição.

Pergunta Transicional

Uma pergunta que relaciona um sintoma, problema ou medo persistente a um trauma central ou a um parente que teve a mesma dificuldade.

Reclamação Central

Nosso principal problema, internalizado ou projetado, que costuma se originar de fragmentos de trauma e se manifestar na linguagem central.

Sentença Central

Uma sentença curta que expressa a linguagem emocionalmente carregada de nosso medo mais profundo. Abarca o vestígio de um trauma não resolvido da infância ou da história familiar.

Sentença de Cura

Uma frase de reconciliação ou resolução que gera novas imagens e sentimentos de bem-estar.

Trauma Central

O trauma não resolvido na infância ou na história familiar que pode afetar inconscientemente os comportamentos, as escolhas, a saúde e o bem-estar.

Apêndice A: Lista de Perguntas da História Familiar

- Quem teve uma morte precoce?
- Quem foi embora?
- Quem foi abandonado, isolado ou excluído da família?
- Quem foi adotado ou entregou uma criança para adoção?
- Quem morreu no parto?
- Quem teve um natimorto ou um aborto?
- Quem se suicidou?
- Quem cometeu um crime?
- Quem sofreu um trauma significativo ou uma catástrofe?
- Quem perdeu sua casa ou seus pertences e teve dificuldade de se recuperar?
- Quem foi esquecido ou padeceu na guerra?
- Quem morreu ou sofreu no Holocausto ou em algum outro genocídio?
- Quem foi assassinado?
- Quem assassinou alguém?
- Quem se sentiu responsável pela morte ou infortúnio de alguém?
- Quem machucou, enganou ou se aproveitou de alguém?
- Quem se beneficiou do prejuízo alheio?
- Quem foi injustamente acusado de alguma coisa?
- Quem foi preso ou internado?
- Quem tinha incapacidade física, emocional ou mental?

- Qual progenitor ou avô teve um relacionamento significativo antes de se casar e o que aconteceu?
- Alguma pessoa foi profundamente magoada por alguém?

Apêndice B: Lista de Perguntas dos Traumas Precoces

- Algo traumático aconteceu enquanto sua mãe estava grávida de você? Ela ficou muito ansiosa, deprimida ou estressada?
- Seus pais tiveram dificuldades de relacionamento durante a gravidez?
- Seu parto foi complicado? Você nasceu prematuro?
- Sua mãe teve depressão pós-parto?
- Você foi separado de sua mãe logo após o nascimento?
- Você foi adotado?
- Durante os três primeiros anos de vida, você sofreu um trauma ou uma separação materna?
- Você e sua mãe já foram forçados a se separar por conta de uma internação (talvez você tenha ficado por um tempo na incubadora, retirado as amígdalas, passado por algum outro procedimento médico ou sua mãe precisou de uma cirurgia ou teve uma complicação decorrente de uma gravidez etc.)?
- Durante os seus três primeiros anos de vida, sua mãe sofreu um trauma ou uma perturbação emocional?
- Sua mãe perdeu um filho antes de você nascer?
- A atenção da sua mãe foi direcionada a um trauma que envolveu um de seus irmãos (um aborto tardio, um natimorto, uma morte, uma emergência médica etc.)?

Notas

Capítulo 1: Achados e Perdidos: Traumas

1. Mary Sykes Wylie, "The Limits of Talk: Bessel Van Kolk Wants to Transform the Treatment of Trauma", *Psychotherapy Networker*, 16 de julho de 2015, www.psychotherapynetworker.org/magazine/article/818/the-limits-of -talk.
2. R. Yehuda e J. Seckl, "Minireview: Stress-Related Psychiatric Disorders with Low Cortisol Levels: A Metabolic Hypothesis", *Endocrinology*, 4 de outubro de 2011, http://press.endocrine.org/doi/full/10.1210/en.2011-1218.
3. R. C. Kessler, et al., "Posttraumatic Stress Disorder in the National Comorbidity Survey", *Archives of General Psychiatry* 52(12) (1995): 1048–60, doi:10.1001/arch psych.1995.03950240066012.
4. Judith Shulevitz, "The Science of Suffering", *The New Republic,* 16 de novembro de 2014, www.newrepublic.com/article/120144/trauma-genetic-scientists-say-parents-a-re-passing-ptsd-kids.
5. Josie Glausiusz, "Searching Chromosomes for the Legacy of Trauma", *Nature*, 11 de junho de 2014, doi:10.1038/nature.2014.15369, www.nature.com/news/searching--chromosomes-for-the-legacy-of-trauma-1.15369.
6. Rachel Yehuda, entrevista com Krista Tippett, *On Being*, 30 de julho de 2015, www.onbeing.org/program/rachel-yehuda-how-trauma-and-resilience-cross-genera-tions/7786.
7. Ibid.

Capítulo 2: Três Gerações de Herança Compartilhada: O Corpo Familiar

1. C. E. Finch e J. C. Loehlin, "Environmental Influences That May Precede Fertiliza-tion: A First Examination of the Prezygotic Hypothesis from Maternal Age Influences on Twins", *Behavioral Genetics* 28(2) (1998): 101.
2. Thomas W. Sadler, *Langman's Medical Embryology,* 9ª ed. (Baltimore: Lippincott Williams & Wilkins, 2009), 13.
3. Finch e Loehlin, "Environmental Influences That May Precede Fertilization", 101–2.
4. Tracy Bale, "Epigenetic and Transgenerational Reprogramming of Brain Develop-ment", *Nature Reviews Neuroscience*, 16 (2015): 332–44; doi:10.1038/nrn3818.
5. Bruce H. Lipton, "Maternal Emotions and Human Development", *Birth Psycholo-gy*, https://birthpsychology.com/free-article/maternal-emotions- and-human-develop-ment.

230   Notas

6. Bruce H. Lipton, PhD, *The Wisdom of Your Cells: How your beliefs control your biology* (Louisville, CO: Sounds True, Inc., 2006), audiobook, parte 3.

7. Ibid.

8. K. Bergman, et al., "Maternal Prenatal Cortisol and Infant Cognitive Development: Moderation by Infant-Mother Attachment", *Biological Psychiatry* 67(11) (junho de 2010): 1026–32, doi:10.1016/j.biopsych.2010.01.002, Epub, 25 de fevereiro de 2010.

9. Thomas Verny, MD, e Pamela Weintraub, *Nurturing the Unborn Child: A nine-month program for soothing, stimulating, and communicating with your baby* (e-book) (Nova York: Open Road Media, 2014), capítulo "Why the Program Works".

10. Ibid.

11. Lipton, "Maternal Emotions and Human Development".

12. Ibid.

13. "Definition of Epigenetics", MedicineNet.com, www.medterms.com/script/main/art. asp?articlekey=26386.

14. Alice Park, "Junk DNA — Not So Useless After All", *Time*, 6 de setembro de 2012, http://healthland.time.com/2012/09/06/junk-dna-not-so-useless- after-all/.

15. Danny Vendramini, "Noncoding DNA and the Teem Theory of Inheritance, Emotions and Innate Behavior", *Medical Hypotheses* 64 (2005): 512–19, esp. p. 513, doi:10.1016/j.mehy.2004.08.022.

16. Park, "Junk DNA — Not So Useless After All".

17. Michael K. Skinner, "Environmental Stress and Epigenetic Transgenerational Inheritance", *BMC Medicine* 12(153) (2014): 1–5, esp. pp. 1, 3, www.biomedcentral. com/1741-7015/12/153.

18. Vendramini, "Noncoding DNA and the Teem Theory of Inheritance, Emotions and Innate Behavior", 513.

19. Danny Vendramini, "Paper 5 of 5: The Teem Theory of NonMendelian Inheritance", 23, 25, www.thesecondevolution.com/paper5dna.pdf.

20. Tori Rodriguez, "Descendants of Holocaust Survivors Have Altered Stress Hormones", *Scientific American Mind* 26(2) (12 de fevereiro de 2015), www.scientificamerican.com/article/descendants-of-holocaust-survivors-have- altered-stress-hormones.

21. Alisha Rouse, "Holocaust Survivors Pass the Genetic Damage of Their Trauma onto Their Children, Researchers Find", *The Daily Mail*, 21 de agosto de 2015, www. dailymail.co.uk/sciencetech/article-3206702/   Holocaust-survivors-pass-genetic- -damage-trauma-children-researchers- find.html.

22. C. N. Hales e D. J. Barker, "The Thrifty Phenotype Hypothesis", *British Medical Bulletin* 60 (2001): 5–20.

23. Bale, "Epigenetic and Transgenerational Reprogramming of Brain Development".

24. David Samuels, "Do Jews Carry Trauma in Our Genes? A Conversation with Rachel Yehuda", *Tablet Magazine*, 11 de dezembro de 2014, http://tabletmag.com/ jewish-arts-and-culture/books/187555/trauma-genes-q-a- rachel-yehuda.

25. Patrick McGowan, et al., "The Legacy of Child Abuse", *Headway* 4(1) (2009), Universidade McGill.

26. Jamie Hackett, "Scientists Discover How Epigenetic Information Could Be Inherited", *Research*, Universidade de Cambridge, 25 de janeiro de 2013, www.cam.ac.uk/research/news/scientists-discover-how-epigenetic- information-could-be-inherited.

27. Ibid.

28. Brian G. Dias e Kerry J. Ressler, "Parental Olfactory Experience Influences Behavior and Neural Structure in Subsequent Generations", *Nature Neuroscience* 17 (2014):

89–96, doi:10.1038/nn.3594, www.nature.com/ neuro/journal/v17/n1/ abs/nn.3594. html.

29. Hackett, "Scientists Discover How Epigenetic Information Could Be Inherited".

30. Katharina Gapp, et al., "Implication of Sperm RNAs in Transgenerational Inheritance of the Effects of Early Trauma in Mice", *Nature Neuroscience* 17 (2014): 667–69, doi:10.1038/nn.3695.

31. Richard L. Hauger, et al., "Corticotropin Releasing Factor (CRF) Receptor Signaling in the Central Nervous System: New Molecular Targets", *CNS Neurological Disorder Drug Targets* 5(4) (agosto de 2006): 453–79.

32. Hiba Zaidan, Micah Leshem e Inna Gaisler-Salomon, "Prereproductive Stress to Female Rats Alters Corticotropin Releasing Factor Type 1 Expression in Ova and Behavior and Brain Corticotropin Releasing Factor Type 1 Expression in Offspring", *Biological Psychiatry* 74(9) (2013): 680–87, doi:10.1016/j.biopsych.2013.04.014, Epub, 29 de maio de 2013, www. biologicalpsychiatryjournal.com/article/S0006-3223(13)00361-2/abstract.

33. Max-Planck-Gesellschaft, "Childhood Trauma Leaves Mark on DNA of Some Victims: Gene-Environment Interaction Causes Lifelong Dysregulation of Stress Hormones", *ScienceDaily*, 2 de dezembro de 2012.

34. Patrick O. McGowan, et al., "Epigenetic Regulation of the Glutocorticoid Receptor in Human Brain Associates with Childhood Abuse", *Nature Neuroscience* 12(3) (março de 2009): 342–48, pp. 342–45, doi:10.1038/nn.2270.

35. Hackett, "Scientists Discover How Epigenetic Information Could Be Inherited".

36. Rachel Yehuda, et al., "Transgenerational Effects of Posttraumatic Stress Disorder in Babies of Mothers Exposed to the World Trade Center Attacks During Pregnancy", *Journal of Clinical Endocrinology & Metabolism* 90(7) (julho de 2005): 4115–18, p. 4117, doi:10.1210/jc.2005-0550, www.ncbi.nlm.nih.gov/pubmed/15870120.

37. Samuels, "Do Jews Carry Trauma in Our Genes?"

38. Rachel Yehuda, et al., "Gene Expression Patterns Associated with Posttraumatic Stress Disorder Following Exposure to the World Trade Center Attacks", *Biological Psychiatry* (2009): 1–4, esp. p. 3, doi:10.1016/j. biopsych.2009.02.034.

39. Rachel Yehuda, et al., "Holocaust Exposure Induced Intergenerational Effects on FKBP5 Methylation", *Biological Psychiatry*, 12 de agosto de 2015, www.biologicalpsychiatryjournal.com/article/S0006-3223(15)00652-6/abstract, doi:10.1016/ j. biopsych.2015.08.005.

40. Eric Nestler, MD, PhD, "Epigenetic Mechanisms of Depression", *JAMA Psychiatry* 71(4) (2014), doi:10.1001/jamapsychiatry.2013.4291, http:// archpsyc.jama network. com/article.aspx?articleid=1819578.

41. Emily Laber-Warren, "A Fateful First Act", *Psychology Today*, 1º de maio de 2009, www.psychologytoday.com/articles/200904/fateful-first-act.

42. David Sack, MD, "When Emotional Trauma Is a Family Affair", Where Science Meets the Steps (blog), *Psychology Today*, 5 de maio de 2014, www.psychologytoday.com/ blog/where-science-meets-the-steps/201405/when- emotional-trauma-is-family-affair.

43. Virginia Hughes, "Sperm RNA Carries Marks of Trauma", *Nature* 508 (17 de abril de 2014): 296–97, www.nature.com/news/sperm-rna-carries-marks- of-trauma-1.15049.

44. Albert Bender, "Suicide Sweeping Indian Country Is Genocide", *People's World*, 18 de maio de 2015, www.peoplesworld.org/suicide-sweeping- indian-country-is-genocide/.

45. Ibid.

232 Notas

46. LeManuel Bitsoi citado por Mary Pember, "Trauma May Be Woven into DNA of Native Americans", *Indian Country*, 28 de maio de 2015, http://indiancountrytodaymedianetwork.com/2015/05/28/trauma-may-be- woven-dna-native-americans-160508.

47. Stéphanie Aglietti, "Ghosts of Rwanda Genocide Haunt New Generation", *The Sun Daily*, 12 de abril de 2015, www.thesundaily.my/news/1381966.

48. Rachel Yehuda, et al., "Low Cortisol and Risk for PTSD in Adult Offspring of Holocaust Survivors", *American Journal of Psychiatry* 157(8) (agosto de 2000): 1252–59, esp. p. 1255.

49. Rachel Yehuda, et al., "Influences of Maternal and Paternal PTSD on Epigenetic Regulation of the Glucocorticoid Receptor Gene in Holocaust Survivor Offspring", *American Journal of Psychiatry* 171(8) (agosto de 2014): 872–80, http://ajp.psychiatryonline.org/doi/abs/10.1176/appi.ajp.2014.13121571.

50. Judith Shulevitz, "The Science of Suffering", *The New Republic*, 16 de novembro de 2014, www.newrepublic.com/article/120144/trauma-genetic- scientists-say-parents-are-passing-ptsd-kids.

51. Josie Glausiusz, "Searching Chromosomes for the Legacy of Trauma", *Nature*, 11 de junho de 2014, doi:10.1038/nature.2014.15369, www. nature.com/news/searching-chromosomes-for-the-legacy-of-trauma- 1.15369; Yehuda, "Influences of Maternal and Paternal PTSD", 872–880.

52. Ibid.

53. Ibid.

54. Samuels, "Do Jews Carry Trauma in Our Genes?"

55. Sack, "When Emotional Trauma Is a Family Affair".

56. Deborah Rudacille, "Maternal Stress Alters Behavior of Generations", Simons Foundation of Autism Research Initiative (18 de abril de 2011), http://spectrumnews.org/news/maternal-stress-alters-behavior-of- generations.

57. Ian C. G. Weaver, et al., "Epigenetic Programming by Maternal Behavior", *Nature Neuroscience* 7 (2004): 847–54.

58. Tamara B. Franklin, et al., "Epigenetic Transmission of the Impact of Early Stress Across Generations", *Biological Psychiatry* 68(5) (2010): 408-15, esp. pp. 409–11, doi:10.1016/j.biopsych.2010.05.036.

59. Gapp, et al., "Implication of Sperm RNAs in Transgenerational Inheritance of the Effects of Early Trauma in Mice".

60. Ibid.

61. Ibid.

62. Ibid.

63. Katharina Gapp, et al., "Potential of Environmental Enrichment to Prevent Transgenerational Effects of Paternal Trauma". *Neuropsychopharmacology*, 9 de junho de 2016, doi: 10.1038/npp.2016.87.

64. Dias e Ressler, "Parental Olfactory Experience Influences Behavior and Neural Structure in Subsequent Generations".

65. Linda Geddes, "Fear of a Smell Can Be Passed Down Several Generations", *New Scientist*, 1º de dezembro de 2013, www.newscientist.com/article/dn24677-fear-of-a-smell-can-be-passed-down-several-generations.

66. Dias e Ressler, "Parental Olfactory Experience Influences Behavior and Neural Structure in Subsequent Generations".

67. Tanya Lewis, "Fearful Experiences Passed On in Mouse Families", *Live Science*, 5 de dezembro de 2013, www.livescience.com/41717-mice-inherit- fear-scents-genes.html.

Notas   233

68. Zaidan, Leshem e Gaisler-Salomon, "Prereproductive Stress to Female Rats Alters Corticotropin Releasing Factor Type 1 Expression in Ova and Behavior and Brain Corticotropin Releasing Factor Type 1 Expression in Offspring".
69. Ibid.
70. Youli Yao, et al., "Ancestral Exposure to Stress Epigenetically Programs Preterm Birth Risk and Adverse Maternal and Newborn Outcomes", *BMC Medicine* 12(1) (2014): 121, doi:10.1186/s12916-014-0121-6.
71. BioMed Central, "Stress During Pregnancy Can Be Passed Down Through Generations, Rat Study Shows", *ScienceDaily*, 7 de agosto de 2014, www.sciencedaily.com/releases/2014/08/140807105436.htm.
72. Yao, et al., "Ancestral Exposure to Stress Epigenetically Programs Preterm Birth Risk and Adverse Maternal and Newborn Outcomes".

Capítulo 3: A Mente Familiar

1. Thomas Verny e Pamela Weintraub, *Tomorrow's Baby: The art and science of parenting from conception through infancy* (Nova York: Simon & Schuster, 2002), 29.
2. Winifred Gallagher, "Motherless Child", *The Sciences* 32(4) (1992): 12–15, esp. p. 13, doi:10.1002/j.2326-1951.1992.tb02399.x.
3. Raylene Phillips, "The Sacred Hour: Uninterrupted Skin-to-Skin Contact Immediately After Birth", *Newborn & Infant Reviews* 13(2) (2013): 67–72, doi:10.1053/j.nainr.2013.04.001.
4. Norman Doidge, *The Brain That Changes Itself: Stories of personal triumph from the frontiers of brain science* (Nova York: Penguin, 2007), 243. Publicado no Brasil com o título O Cérebro que Se Transforma.
5. Ibid., 47.
6. Ibid., 203–4.
7. Norman Doidge, *The Brain's Way of Healing: Remarkable discoveries and recoveries from the frontiers of neuroplasticity* (Nova York: Penguin, 2015), 215. Publicado no Brasil com o título O Cérebro que Cura.
8. Doidge, *The Brain That Changes Itself*, 91.
9. Dawson Church, *The Genie in Your Genes: Epigenetic medicine and the new biology of intention* (Santa Rosa, CA: Elite Books, 2007), 69.
10. Perla Kaliman, et al., "Rapid Changes in Histone Deacetylases and Inflammatory Gene Expression in Expert Meditators", *Psychoneuroendocrinology* 40 (novembro de 2013): 96–107, doi:http://dx.doi.org/10.1016/j.psyneuen.2013.11.004.
11. Church, *The Genie in Your Genes*, 67.
12. Doidge, *The Brain That Changes Itself*, 220–21.
13. David Samuels, "Do Jews Carry Trauma in Our Genes? A Conversation with Rachel Yehuda", *Tablet Magazine*, 11 de dezembro de 2014, http://tabletmag.com/jewish-arts-and-culture/books/187555/trauma-genes-q-a- rachel-yehuda.

Capítulo 4: A Abordagem da Linguagem Central

1. Annie G. Rogers, *The Unsayable: The hidden language of trauma* (Nova York: Ballantine, 2006), 298.

234   Notas

Capítulo 5: Os Quatro Temas Inconscientes

1. Linda G. Russek e Gary E. Schwartz, "Feelings of Parental Caring Predict Health Status in Midlfe: A 35-Year Follow-up of the Harvard Mastery of Stress Study", *Journal of Behavioral Medicine* 20(1) (1997): 1–13.
2. P. Graves, C. Thomas e L. Mead, "Familial and Psychological Predictors of Cancer", *Cancer Detection and Prevention* 15(1) (1991): 59–64.
3. David Chamberlain, *Windows to the Womb: Revealing the conscious baby from conception to birth* (Berkeley, CA: North Atlantic Books, 2013), 180.
4. Michael Bergeisen, entrevista com Rick Hanson, "The Neuroscience of Happiness", *Greater Good: The science of a meaningful life*, 22 de setembro de 2010, http://greatergood.berkeley.edu/article/item/the_neuroscience_of_happiness.

Capítulo 6: A Reclamação Central

1. Bert Hellinger, *No Waves Without the Ocean: Experiences and thoughts* (Heidelberg, Alemanha: Carl Auer International, 2006), 197.

Capítulo 8: A Sentença Central

1. Soheil Baharian, et al., "The Great Migration of African-American Genomic Diversity", *PlosGenetics* 12(5) (2016): e1006059, doi:10.1371/journal.pgen.1006059, Epub, 27 de maio de 2016, http://journals.plos.org/plosgenetics/article?id=info:doi/10.1371/journal.pgen.1006059#abstract0.

Capítulo 10: Do Insight à Integração

1. Rick Hanson, "How to Trick Your Brain for Happiness", *Greater Good: The science of a meaningful life*, 26 de setembro de 2011, http://greatergood. berkeley.edu/article/item/how_to_trick_your_brain_for_happiness.
2. Andrea Miller, entrevista com Thich Nhat Hanh, "Awakening My Heart", *Shambhala Sun,* janeiro de 2012, 38, www.shambhalasun.com/index.php?option= com_content&task=view&id=3800&Itemid=0.
3. Andrew Newberg e Mark Robert Waldman, *Words Can Change Your Brain* (Nova York: Plume, Penguin 2012), 3.
4. Ibid., 35.

Capítulo 11: A Linguagem Central da Separação

1. Thomas Verny, com coautoria de John Kelly, *The Secret Life of the Unborn Child* (Nova York: Simon & Schuster, 1981), 29.
2. Ken Magid e Carole McKelvey, *High Risk: Children without a conscience* (Nova York: Bantam Books, 1988), 26.
3. Edward Tronick e Marjorie Beeghly, "Infants' Meaning-Making and the Development of Mental Health Problems", *American Psychologist* 66(2) (2011): 107–19, doi:10.1037/a0021631.

Capítulo 12: A Linguagem Central dos Relacionamentos

1. Rainer Maria Rilke, "Letter no. 7", *Letters to a Young Poet*, trad. M. D. Herter Norton (Nova York: W. W. Norton, 2004; publ. org. 1934), 27. Publicado no Brasil com o título *Cartas a um Jovem Poeta*.

Índice

Símbolos

11 de Setembro

mulheres grávidas, 31

A

abordagem da linguagem central, 11

agressor de um parente, 137

ambiente biológico compartilhado, 25–40

amor natural, 72

árvore genealógica, 136

aspectos maternais, 41

autodescoberta, 114

B

Bert Hellinger, 45, 93

Bessel van der Kolk, 16

biologia celular, 26–28

blueprint, 69

antes do nascimento, 165

genético, 26

Bruce Lipton, 26

C

Carl Jung, 16

claustrofobia, 94

compulsão à repetição, 15

conflito interno, 176–177

consciência familiar, 45–49

cortisol, 19

CRF1, gene, 31

CRF2, gene, 31

culpa, 66

não reconhecida, 118

D

Dawson Church, 52

depressão, 20

descendentes de sobreviventes, 20

desconexão, 79, 107

materna ou paterna, 66

descontentamento parental

relacionamentos íntimos e amizade, 105

descritores centrais, 105–112

236   Índice

carga emocional, 109–112

desenvolvimento neural, 41

desesperança, 79

detentor do medo original, 129

DNA

    afro-americanos, 128

    cromossômico, 29

    metilação, 30

    não codificante (ncDNA), 29

Donald Hebb, 50

E

emaranhamento, 47

emoções ambivalentes, 106

epigenética, 29–34

    herança, 35

estresse

    pré-natal, 27

estressores ambientais

    ncDNA, 29

estudo com camundongos, 35–39

F

família

    temas comuns, 99–100

fardo parental, 69

FKBP5, gene, 31

força vital, 64–65

G

generalização excessiva, 69

H

Heinz Kohut, 78

herança familiar, 22–24

heredograma, 133–144

história familiar

    fazer as pazes, 148

    injustiças, 204–206

Holocausto, 121–123

    filhos de sobreviventes, TEPT, 19

I

ideação suicida, 20

imagem interior

    relacionada aos pais, 110

imagem interna, 151

imagens da mãe e da vida, 166

imagens de cura, 49–54, 151–155

    exemplos, 152–154

imaginação ativa, 50

inconsciente, 16, 57

    compartilhado, 57

infância

    memórias negativas, 79–80

    segurança, 79

insight, 155–164

insônia, 17

interrupções na sintonia

mãe e filho, 178

Isabelle Mansuy, 36

L

lealdade inconsciente, 46, 212

linguagem, 11

linguagem central, 55–62

atípica, 59

bússola, 98–100

guerra, 119

mapa, 60–62

ferramentas, 85

mapeamento, 148

separações precoces, 168–172

linguagem não declarada, 57–58

linguagem pessoal de medo, 3

lista de adjetivos e frases, 105

luto geracional, 33

M

mãe

desconexão emocional, 168

distância, 71–73

história dela, 73

ruptura no vínculo inicial, 76–80

separação na infância, 165–169

tipos, 168

vínculo, 44

manifestação da dor, 22

mapa da linguagem central, 133

marcadores epigenéticos, 30

meditação, 40, 53

medo

análise, 114–116

transformar, 130

memória

de longo prazo, 56

declarativa, 56

não declarativa, 56

experiências traumáticas, 57

memória celular, 27

memória inconsciente, 56–57

metaouvido, 93

microRNA, 30

miséria, 214

mudanças epigenéticas, 23

N

nativos norte-americanos, 32–33

neuroplasticidade, 52

Norman Doidge, 49

O

origem

mapa, 148–149

origem do anseio, 176

238 Índice

P

padrão familiar, 194

padrões familiares, 23

pais, 64–71

  adjetivos, 184

  aproximação ou distanciamento, 163

  conexão, 64

  dor, 67

  rejeição

    nível físico, 72

  relacionamento próximo, 74

  sentimentos, 103

paixão, 167

palavras positivas, 159

parentalidade consciente, 28

passado

  silêncio, 120

pergunta transicional, 97, 133–134

pistas do inconsciente, 55

princípio de Hebb, 50

psicoterapia

  convencional, 70

  tendências emergentes, 16

R

Rachel Yehuda, 18–19, 23

reclamação, 101–102

reclamação central

identificação, 89

investigar, 92

recuperação de memória, 58–59

reencenação traumática

  compulsão à repetição, 15

rejeição, 196

  materna e paterna, 210

relacionamento, 181–202

  dinâmicas familiares, 197–202

  medo, 184

  padrão familiar, 194

  reclamação, 184

revivência inconsciente, 149

ruptura precoce no vínculo, 107–109

  ressentimento, 108

S

sensações físicas, 155

sentença central, 113–132

  características principais, 130

  identificação, 114–117

  origem, 123

sentença de cura, 149–152

  como criar, 149

  corpo, 155–156

  fusão com um dos progenitores, 162–164

  para si, 156

progenitor distante ou desconhecido, 161

progenitor falecido, 161

rejeição a um dos progenitores, 159

sentimentos

bons, na infância, 166

de identificação, 82

separação, 79–80

ansiedade, 172–173

Sigmund Freud, 15

sintoma, 101–102

sistema familiar, 46

sofrimento familiar, 47

sucesso, 203–218

culpa, 215

dinâmicas familiares, 209–218

T

TEPT

crônico, 19

Holocausto, 19

paterno ou materno, 34

secundário, 32

terror mudo, 16

Thomas Verny, 28, 41

tragédia alheia, 117

tragédias, 17

história familiar, 185

transformação constante, 220

transtorno de ansiedade, 20

trauma, 15–24

ancestrais, 123–124

central, 133–144

centro da fala, 16

córtex pré-frontal medial, 16

herdado, 22

intergeracional, 33

memória, 15

mudanças biológicas, 23

origem, 23

resíduos biológicos, 26

V

vestígios de violência, 123

viés da negatividade, 80

violência familiar, 81

visualização, 40, 52

vítima de um parente, 137

vulnerabilidade, 176

Projetos corporativos e edições personalizadas
dentro da sua estratégia de negócio. Já pensou nisso?

Coordenação de Eventos
Viviane Paiva
viviane@altabooks.com.br

Assistente Comercial
Fillipe Amorim
vendas.corporativas@altabooks.com.br

A Alta Books tem criado experiências incríveis no meio corporativo. Com a crescente implementação da educação corporativa nas empresas, o livro entra como uma importante fonte de conhecimento. Com atendimento personalizado, conseguimos identificar as principais necessidades, e criar uma seleção de livros que podem ser utilizados de diversas maneiras, como por exemplo, para fortalecer relacionamento com suas equipes/ seus clientes. Você já utilizou o livro para alguma ação estratégica na sua empresa?

Entre em contato com nosso time para entender melhor as possibilidades de personalização e incentivo ao desenvolvimento pessoal e profissional.

PUBLIQUE SEU LIVRO

Publique seu livro com a Alta Books.
Para mais informações envie um e-mail para: autoria@altabooks.com.br

 /altabooks   /alta-books   /altabooks   /altabooks

CONHEÇA OUTROS LIVROS DA **ALTA BOOKS**

Todas as imagens são meramente ilustrativas.